不一樣的中國史 9

楊照 著

從黨爭到鐵騎，征服王朝的時代

宋、遼、金

|序|

中國史是臺灣史的重要部分

歷史知識建立在兩項基本信念上，第一是相信人類的事物都是有來歷的，沒有什麼是天上掉下來或奇蹟所創造的；第二則是相信弄清楚事物的來歷很重要，大有助於我們分析理解現實，看清楚現實的種種糾結，進而對於未來變化能夠有所掌握，做出智慧、準確的決定。

歷史教育要有意義、有效果，必須回歸到這兩種信念來予以檢驗，看看是否能讓孩子體會、掌握歷史知識的作用。

不管當下現實的政治態度是什麼，站在歷史知識的立場上，沒有人能否認臺灣是有來歷的，不可能是開天闢地就存在，也不可能是什麼神力所創造的。因而歷史教育最根本該教的，就是「臺灣怎麼來的」。

要回答「臺灣怎麼來的」，必定預設了臺灣有其特殊性，和其他地方、其他國家不一樣，所以才需要從時間上溯源去找出之所以不一樣的理由。臺灣為什麼會有不一樣的文化？為什麼會有不一樣的社會？為什麼會有這樣的政治制度與政治狀態？為什麼會和其他國家產生不同的關係？……

所謂以臺灣為本位的歷史教育，就是認真地、好好地回答這幾個彼此交錯纏結的大問題。那麼歷史教育的內容好不好，也就可以明確地用是否能引導孩子思考、解答這些問題來評斷了。

過去將臺灣歷史放在中國歷史裡，作為中國歷史一部分的結構，從這個標準上看，有著明白而嚴重的缺失，那就是忽略了臺灣複雜的形成過程，特殊的地理位置使得臺灣從十七世紀就在東亞海域衝突爭奪中有了角色，中國之外的各種力量長期影響了臺灣。只從中國的角度，不看來自荷蘭、日本、美國等政治與文化作用，絕對不可能弄清楚臺灣的來歷。

但是，過去的錯誤不能用相反的方式來矯正。臺灣歷史不應該是中國歷史的一部分，然而中國歷史卻仍然是臺灣歷史非常重要的一部分。關鍵重點在調整如此的全體與部分關係，確認不該將臺灣史視為中國史的一部分，而該翻轉過來將中國史視為構成及解釋臺灣史的一部分。這樣調整之後，再來衡量中國史在如此新架構中該有的地位與分量。

不只是臺灣的社會與文化，從語言文字到親族組織原則到基本價值信念，和中國歷史有著太深、太緊密的連結；就連現實的政治與國際關係，去除了中國歷史變化因素，就無法理解了。硬是要降低中國歷史所占的比例分量，降低到一定程度，歷史就失去了解釋來歷和分析現實的基本作用了。

從歷史上必須被正視的事實是：中國文化的核心是歷史，保存歷史、重視歷史、訴諸歷史是中國最明顯、最特殊的文化性格。因而中國文化對臺灣產生過的影響作用，非得回到中國歷史上才能看得明白。

不理解中國史，拿掉了這部分，就不是完整的臺灣史。東亞史的多元結構無法提供關於臺灣來歷的根本說明，諸如：臺灣人所使用的語言文字、所信奉的宗教與遵行的儀式、內在的價值判斷優先順序、對於自我身分角色選擇認定的方式、意識深層模仿學習的角色模式……

歷史教育需要的是更符合臺灣特殊性的多元知識，但這多元仍需依照歷史事實分配比例，一味相信降低中國史比例就是對的，違背了歷史事實，也違背了歷史知識的根本標準。

目次 contents

第三講
北宋到南宋，皇帝的統治意識

第四講

宋代的城市生活

第五講

古文的自覺運動

第六講

宋詩的破格精神

第七講

重讀宋詞

第八講

中介王朝：遼、西夏與金

第九講

草原風雲與成吉思汗

第十講

元、宋之際

前言

「重新認識」中國歷史

1

錢穆（賓四）先生自學出身，沒有學歷，沒有師承，很長一段時間在小學教書，然而他認真閱讀並整理了古書中幾乎所有春秋、戰國的相關史料，寫成了《先秦諸子繫年》一書。之所以寫這樣一本考據大書，很重要的刺激來自於名譟一時的《古史辨》，錢穆認為以顧頡剛為首的這群學者，「疑古太過」，帶著先入為主的有色眼光看中國古代史料，處處尋覓偽造作假的痕跡，沒有平心靜氣、盡量客觀地做好查考比對文獻的基本工夫。工夫中的工夫，基本中的基本，是弄清楚這些被他們拿來「疑古辨偽」的材料究竟形成於什麼時代。他們不願做、不能做，以至於許多推論必定流於意氣、草率，於是錢穆便以一己之力從根做起，竟然將大部分史料精確排比到可以

「編年」的程度。

很明顯地，《先秦諸子繫年》的成就直接打擊《古史辨》的可信度。當時任職燕京大學，在中國學術界意氣風發、引領風騷的顧頡剛讀了《先秦諸子繫年》，立刻理解體會了錢穆的用意。他的反應是什麼？他立刻推薦錢穆到廣州中山大學教書，也邀請錢穆為《燕京學報》寫稿。中山大學錢穆沒有去，倒是替《燕京學報》寫了〈劉向歆父子年譜〉，錢穆自己說：「此文不啻特與頡剛諍議，頡剛不介意，既刊余文，又特推薦余在燕京任教。」

這是個「民國傳奇」。裡面牽涉到那個時代學者對於知識學問的熱情執著，也牽涉到那個時代學者的真誠風範，還牽涉到那個時代學院重視學識高於重視學歷的開放氣氛。沒有學歷的錢穆在那樣的環境中，單純靠學問折服了潛在的論敵，因而得以進入當時的最高學府任教。

這傳奇還有後續。錢穆後來從燕京大學轉往北京大學，「中國通史」是當時政府規定的大學歷史系必修課，北大歷史系慣常的做法，是讓系裡每個老師輪流排課，將自己所擅長的時代或領域，濃縮在幾堂課中教授，用這種方式來構成「中國通史」課程。換句話說，大家理所當然認為「中國通史」就是由古至今不同斷代的中國歷史接續起來，頂多再加上一些跨時代的專史。

可是被派去「中國通史」課堂負責秦漢一段歷史的錢穆，不同意這項做法。他公開地對學生表達了質疑：不知道前面的老師說了什麼，也不知道後面的老師要說什麼，每個老師來給學生片片斷斷的知識，怎麼可能讓學生獲得貫通的中國史理解？學生被錢穆的質疑說服了，也是那個時代的精神，學生認為既然不合理就該要求改，系裡也同意既然批評反對得有道理就該改。

怎麼改？那就將「中國通史」整合起來，上學期由錢穆教，下學期則由系裡的中古史大學者陳寅恪教。這樣很好吧？問了錢穆，錢穆卻說不好，而且明白表示，他希望自己一個人教，而且有把握可以自己一個人教！

這是何等狂傲的態度？本來只是個小學教員，靠顧頡剛提拔才破格進到北大歷史系任職的錢穆，竟然敢排擠數不清精通多少種語言、已是中古史權威的大學者陳寅恪，自己一人獨攬教「中國通史」的工作。他憑什麼？他有資格嗎？

至少那個年代的北大歷史系覺得錢穆有資格，就依從他的意思，讓他自己一個人教「中國通史」。錢穆累積了在北大教「中國通史」的經驗，後來抗戰中隨「西南聯大」避居昆明時，埋首寫出了經典史著《國史大綱》。

2

由《國史大綱》的內容及寫法回推，我們可以明白錢穆堅持一個人教「中國通史」，以及北大歷史系接受讓他教的理由。那不是他的狂傲，毋寧是他對於什麼是「通史」，提出了當時系裡其他人沒想到的深刻認識。

用原來的方式教的，是「簡化版中國史」，不是「中國通史」。「中國通史」的關鍵，當然是在「通」字，而這個「通」字顯然來自太史公司馬遷的「通古今之變」。司馬遷的《史記》包納了上下兩千年的時代，如此漫長的時間中發生過那麼多的事，對於一個史家最大的挑戰，不在如何蒐集兩千年留下來的種種資料，而在如何從龐大的資料中進行有意義的選擇，從中間選擇什麼，又放棄什麼。

關鍵在於「有意義」。只是將所有材料排比出來，呈現的勢必是偶然的混亂。許多發生過的事，不巧沒有留下記錄資料；留下記錄資料可供後世考索了解的，往往瑣碎零散。更重要的，這些偶然記錄下來的人與事，彼此間有什麼關聯呢？如果記錄是偶然的，人與人、事與事之間也沒有什麼關聯，那麼知道過去發生了什麼事要做什麼？

史家的根本職責就在有意識地進行選擇，並且排比、串聯所選擇的史料。最簡單、最基本的串聯是因果解釋，從過去發生的事情中去挖掘、去探索「因為／所以」：前面有了這樣的現象，以至於後來有了那樣的發展；前面做了這樣的決定，導致後來有了那樣的結果。排出「因為／所以」來，歷史就不再是一堆混亂的現象與事件，人們閱讀歷史也就能夠藉此理解時間變化的法則，學習自然或人事因果的規律。

「通古今之變」，也就是要從規模上將歷史的因果解釋放到最大。之所以需要像《史記》那樣從文明初始寫到當今現實，正因為這是人類經驗的最大值，也就提供了從過往經驗中尋索出意義與智慧的最大可能性。我們能從古往今來的漫長時間中，找出什麼樣的貫通原則或普遍主題呢？還是從消化漫長時間中的種種記錄，我們得以回答什麼只有放進歷史裡才能回答的關鍵大問題呢？

這是司馬遷最早提出的「通古今之變」理想，這應該也是錢穆先生堅持一個人從頭到尾教「中國通史」的根本精神價值來源。「通史」之「通」，在於建立起一個有意義的觀點，幫助學生、讀者從中國歷史中看出一些特殊的貫通變化。這是眾多可能觀點的其中一個，藉由歷史的敘述與分析能夠盡量表達清楚，因而也必然是「一家之言」。不一樣的人研究歷史會看到、凸顯不同的重點，提出不同的解釋。如果是因不同時代、不同主題就換不同人從不同觀點來講，那麼追求一貫「通古今之變」的理想與精神就無處著落了。

3

這也是我明顯自不量力一個人講述、寫作一部中國歷史的勇氣來源。我要說的，是我所見到的中國歷史，從接近無窮多的歷史材料中，有意識、有原則地選擇出其中的一部分，講述如何認識中國歷史的一個故事。我說的，只是眾多中國歷史可能說法中的一個，有我如此訴說、如此建立「通古今之變」因果模式的道理。

這道理一言以蔽之，是「重新認識」。意思是我自覺針對已經有過中國歷史一定認識的讀者，透過學校教育、普遍閱讀甚至大眾傳媒，有了對中國歷史的一些基本常識、一些刻板印象。

我試圖要做的，是邀請這樣的讀者來「重新認識」中國歷史，來檢驗一下你以為的中國歷史，和事實史料及史學研究所呈現的，中間有多大的差距。

也就是在選擇中國史敘述重點時，我會優先考慮那些史料或史學研究上相當扎實可信，卻和一般常識、刻板印象不相合甚至相違背的部分。這個立場所根據的，是過去百年來，「新史學」、西方史學諸方法被引進運用在研究中國歷史所累積的豐富成果。但很奇怪的，也很不幸的，這些精采、有趣、突破性的歷史知識與看法，卻遲遲沒有進入教育體系，沒有進入一般人的歷史常識中，以至於活在二十一世紀的大部分人對中國歷史的認識，竟然都還依循著一百多年前流通的傳統說法。「重新認識」的一個目的，就是用這些新發現、新研究成果，來修正、挑戰、取代傳統舊說法。

「重新認識」的另一個目的，是回到「為什麼學歷史」的態度問題上，提供不同的思考。學歷史到底在學什麼？是學一大堆人名、地名、年代，背誦下來在考試時答題用？這樣的歷史知識，一來根本隨時在網路上都能查得到，二來和我們的現實生活有什麼關聯？不然，是學用現代想法改編的古裝歷史故事、歷史戲劇嗎？這樣的歷史，固然有現實連結，方便我們投射感情入戲，然而對於我們了解過去、體會不同時代的特殊性，有什麼幫助呢？

在這套書中，我的一貫信念是，學歷史最重要的不是學 What ——歷史上發生了什麼，而是更要探究 How and Why ——去了解這些事是如何發生的、為什麼會發生。沒有 What 當然無從解釋 How and Why，歷史不可能離開事實敘述只存在理論；然而歷史也不可以、不應該只停留在事實敘述上。只敘述事實，不解釋如何與為什麼，無論將事實說得再怎麼生動，畢竟無助於我們從歷史而認識人的行為多樣性，以及個體或集體的行為邏輯。

藉由訴說漫長的中國歷史，藉由同時探究歷史中的如何與為什麼，我希望一方面能幫助讀者梳理、思考今日當下這個文明、這個社會是如何形成的；另一方面能讓讀者確切感受到中國文明內在的多元樣貌。在時間之流裡，中國絕對不是單一不變的一塊，中國人、中國社會、中國文明曾經有過太多不一樣的變化。這些歷史上曾經存在的種種變貌，總和加起來才是中國。在沒有如實認識中國歷史的豐富變化之前，讓我們先別將任何關於中國的看法或說法視為理所當然。

4

這是一套一邊說中國歷史，一邊解釋歷史知識如何可能的書。我的用心是希望讀者不要只是被動地接受這些訊息，當作是斬釘截鐵的事實，而是能夠在閱讀中主動地參與，去好奇、去思考：我們怎麼能知道過去發生了什麼，又如何去評斷該相信什麼、懷疑什麼？歷史知識的來歷常常和歷史本身同樣曲折複雜，甚至更加曲折複雜。

這套書一共分成十三冊，能夠成書最主要是有「敏隆講堂」和「趨勢講堂」，讓我能夠兩度完整地講授中國通史課程，每一次的課程都前後橫跨五個年頭。換句話說，從二〇〇七年第一講開講算起，花了超過十年時間。十年備課、授課的過程中，大部分時間用於消化各式各樣的論文、專書，也就是關於中國歷史的研究，並努力吸收這些研究的發現與論點，盡量有機地編組進我的歷史敘述與討論中。明白地說，我將自己的角色設定為一個勤勞、忠實、不輕信、不妥協的二手研究整合者，而不是進入原始一手材料提出獨特成果的人。也只有放棄自己的原創研究衝動，虛心地站在前輩及同輩學者的龐大學術基礎上，才有可能處理中國通史題材，也才能找出一點點「通」的心得。

將近兩百萬字的篇幅，涵蓋從新石器時代到辛亥革命的時間範圍，這樣一套書，一定不可避免地含夾了許多錯誤。我只能期望能夠將單純知識事實上的「硬傷」降到最低，至於論理與解釋帶有疑義的部分就當作是「拋磚引玉」，請專家讀者不吝提出指正意見，得以將中國歷史的認識推到更廣且更深的境界。

第一講

重文輕武的代價

01 在時間中被證明不準確的歷史律則

「一代要有一代的歷史」，這話是什麼意思？如果歷史就是過去的事，過去了的不會再改變，那麼上一代的歷史就應該和下一代的歷史一樣啊，為什麼說「一代要有一代的歷史」？

歷史上曾經發生過的事不會改變，但是我們看待歷史的眼光卻會隨著不同時代的不同關懷、不同價值觀而有所變化。例如以前我們將歷史視為固定、標準的答案來學習，現在我們不這樣看、不這樣想了。我們發現那些可以用標準答案的形式背下來的內容——哪一年誰在哪裡做了什麼事，既然是固定不變的，也就很容易可以查得到，也就相對沒那麼重要。

重要或不重要，牽涉到學習歷史的目的。學習歷史的兩個目的，顯然都無法藉由背誦這些內容來達成。一個目的是從歷史來了解、掌握人類的集體經驗，讓我們今天在生活上有所參考，那麼知道宋朝在哪一年，是誰經由推翻了哪個朝代而建立的，這會有意義、有作用嗎？這樣的知識對於我們如何看待生活、看待政治、看待社會有幫助、有影響嗎？不會吧！

如果要讓歷史對於現實產生提醒、借鑑作用，所需要的不是這樣的死知識，而是要從歷史中整理出變化的現象與規則，看清楚人類在過去遇到怎樣的事有著怎樣的反應，怎樣的動機產生怎樣的行為，怎樣的行為又造成怎樣的後果……。只有整理出規則，我們才能對比，在今天出現了怎樣的事也許我們可以如何反應，或是評估、理解別人為什麼這樣反應而不是那樣。有用的、需要的是歸納後的原理與原則，而不是單純陳述個案的資訊，但偏偏只有後者才能用背誦的方式記憶起來。

不過，如果學歷史只是為了要對現實生活有所幫助，也就不需要學習那麼長久、那麼複雜的歷史內容。我們需要的只是從歷史裡簡化、歸納後的變化規則，而不需要歷史本身。這就是為什麼西方十八、十九世紀的「歷史哲學」如此流行，蔚為顯學。相當程度上，「歷史哲學」就是淬鍊歷史得到的結果，告訴人們：不必耗費那麼多時間和力氣學歷史，只要從歷史裡榨取出精華就好了，一看就知道歷史的律則是怎麼回事。

但弔詭的是，風行一時的各種「歷史哲學」後來幾乎都被揚棄了。因為「歷史哲學」整理了普遍的規律，既然是普遍的，也就適用於過去、現在和未來，但沒有任何一套「歷史哲學」能夠藉由整理出的規律準確地預測未來。毫無例外地，每一條從歷史裡歸納出的定律，都在時間中被證明是不準確的。

也就是說，「歷史哲學」紛紛被他們無法預見的人類行為多樣性給打敗了。

02 前人寫的歷史並非歷史唯一的答案

由此浮現出學歷史的第二種目的，那是藉由歷史去檢測人類經驗的廣度，去感知人類經驗的多元與多樣性質。

我們只能活在自己的時代裡，但我們不是第一代活著的人類，也不會是最後一代。歷史的其中一項作用是向我們全幅顯現：人類是多麼奇特且獨一無二的動物，我們建立了文明，擺脫了本能的約束，繼而創造了其他動物絕對無法比擬的複雜性。自然、本能雖然同質相似性很高，文明卻可以天差地別。

一棵樹所需要的，固定是水分、陽光和從土壤中得到的幾種化學成分。同樣品種的樹會長出相似的樹皮、同樣分枝法生長的樹枝，和形狀相同的樹葉。自然界中同種的動物基本上用相同的方式覓食，吃著相同的食物，而且吃東西的方式也大致相同。人卻不是如此。人給自己披上各式各樣的衣服，選擇吃上百成千種的食材，而且用數不清的程序和手法準備食物，也用數不清的各種方式進食。

透過歷史，我們看到真實活過的人類累積且產生了多麼豐富、多樣的經驗。這才是人的真實面貌、完整面貌。

抱持這樣的目的學歷史，和前面一種目的學歷史，就形成了很不一樣的歷史。前一種是簡化的，是強調、凸顯「同」，要專注找出相同的，以便歸納為人類行為的律則；後一種則要盡量保留複雜性，是強調、凸顯「異」，找到不同的現象就收入「歷史多樣性」的寶盒裡予以收藏。愈是不一樣的，愈應該被寫進歷史。

用背誦標準答案的方式，更不可能趨向這樣的歷史目的。甚至以考試為手段的歷史學習法，都很難達成這樣的歷史目的。沒有固定答案便無法考試，但每一個固定答案必然排除、取消了許多相關的錯雜現象，以及更豐富的多元可能性。從認識人類多元性的角度出發，就比較容易明白為什麼不同的時代會有不同的歷史，因為會用不同的方式整理人類經驗，凸顯出不同的面向、不同的重點。

「一代要有一代的歷史」，還因為身為後代的人，我們有機會認識前代的人，前代本身成為了歷史，於是我們會有第二序位的自覺，去討論、去檢驗前一代的人為何相信這樣的歷史，訴說這樣的歷史。我們不可能、也不應該天真地認定前人寫的歷史就是歷史唯一的答案，而沒有注意到他們會有自己的動機或理由這樣看歷史、這樣寫歷史。

歐陽修寫《五代史》，告訴我們五代發生了這些事。今天我們很清楚歐陽修是宋朝人，必然是以宋朝的本位立場去看五代。他有從他那個時代去看才剛結束不久的五代的角度。意識到這件事，我們一方面就不會將歐陽修寫的五代歷史照單全收，當作是我們的五代史；另一方面，我們也可以換一種方式讀歐陽修的《五代史》，從中看出歐陽修及其時代所抱持的關懷與價值判斷。

03 宋代的積弱不振來自於「重文輕武」

過去認識宋朝歷史，最強烈的印象就是「積弱不振」，對外關係上一塌糊塗，對西夏、對遼、對金到對蒙古人，一貫都是採取守勢，跟人家簽了很不像樣的條約，給金銀、給布疋，還要和人家約為兄弟，甚至叫人家叔叔。不只是納獻的行為很丟臉，而且納獻的項目計算方式竟然是將幾萬兩錢和幾萬匹布硬是加在一起，以「兩匹」作為奇怪的單位，清楚顯示了嚴重缺乏不同單位無法相加這種基本數學常識的荒唐情況。小孩都知道五隻雞和三隻兔不能加起來變成「八隻雞兔」，宋朝人竟然不知道！

這個印象有其歷史事實基礎，然而在這事實之上，我們今天可以多一些認識，做一些補充說明。第一，宋代的「積弱不振」來自於「重文輕武」的長期政策，被宋太祖趙匡胤寫入「家法」

中一直傳承下來，而趙匡胤所著眼的，是為了徹底解決從中唐以降，武人治國，或者該說武人亂國的嚴重問題。「重文輕武」固然造成外患難以處理的局面，但是一來，「重文輕武」的確成功改革了原本藩鎮割據的亂象；二來，「重文輕武」政策創造了中國近世輝煌的文人文化。這是我們也該同時看到的。

其次，我們應該看到：特別凸顯宋代對外關係的失敗，這種歷史態度主要和清朝受到西方勢力影響之後，產生的自卑感及「恨鐵不成鋼」的心情有關。在那樣強烈挫折心情的投射下，對外關係的成敗，尤其是能否戰勝、擴張，就成了衡量朝代好壞的重要標準。套用《不一樣的中國史》第八冊中提過的、楊聯陞先生的「朝代競賽」看法，也就是清中葉以來，「對外關係」成為朝代競賽最主要的規則。用這種規則來比賽，漢朝、唐朝成為大贏家，相對地，宋朝就成了輸家中的輸家。

在受到外力屈辱的時代下看歷史，看不到「重文輕武」的正面價值，只看到不斷戰敗的負面結果，和自己的時代中一再敗於西方船堅炮利的弱者形象重疊在一起，很自然就忽略了「重文輕武」的社會那了不起的文化活力與文化成就。

五代加上十國，政權不斷更迭，有很多皇帝、國君，其中大部分是武人出身。大部分的政權都是打出來的，而每個政權存在的時間都很短，還來不及從「馬上得天下」轉而「馬下治天下」，就又被其他的軍事勢力打倒了。大部分的皇帝、國君只傳到第二、第三代，無法累積治國經驗，有效地提供穩定的政治秩序。

在這樣的歷史環境中，宋太祖取代後周當上皇帝，不可能有把握自己的這個朝代可以長治久安，相對地，他看到的例子都是像後唐、後晉、後周這樣的短命朝代。他必須有和之前這些朝代很不一樣的做法，才有機會避免步其後塵，讓自己陷入另一個短命朝代的悲哀中。

04 「一統」拼圖缺了燕雲十六州

趙匡胤和他弟弟趙光義都是武人出身，對於兵權極度敏感，因此很了解握有兵權的人會如何思考，又可能做出什麼樣的事情來。有兵權的人會做的是據地自雄，也就是破壞過去中國的大一統形式。

開寶年間，大臣們提議為皇帝加尊號「一統太平」，宋太祖立刻表示反對，理由是根本尚未「一統」，更不必誇口說「太平」了。他心中一直有個非常明確的目標，那就是「一統」，而且不只是以武力征服還沒臣服的地區，更要建立起「一統」的根本條件，排除妨礙「一統」的主要因素。

宋太宗趙光義接在趙匡胤後面當皇帝，他採用的年號是「太平興國」，表示到這時候有了「太平」，但還沒有完全「一統」。他在位期間遣師北征，消滅了十國中的最後一國北漢，但這仍然不是「一統」，因為「燕雲十六州」還控制在遼的手中，拿不回來。

「燕雲十六州」是建立後晉的石敬瑭為了篡奪後唐而和契丹人進行的交易。遼以軍事行動支援石敬瑭，換得燕雲十六州這一大塊北方戰略之地。燕雲十六州的位置在代州、涿州以北，也就是農業民族與游牧民族的交界地區。在中國歷史上，代州是中國和北方民族衝突爭戰的關鍵據點，那是農業土地的最北限。農業民族控有燕雲十六州，可以藉由沿長城一線的險要地形布設防線，防堵游牧民族南下牧馬。這是廣闊的草原地帶北端，如果沒有特別安排防堵措施，游牧民族的鐵騎幾乎可以隨時南下，很快就衝進農業生產區域。

草原地帶可農可牧，當然農業條件不算好，要進行農業生產必須辛苦耕作。然而長期以來農業民族慣常將農業線向北推，其動機不在生產，而在防衛。將農田往北推，讓這塊土地有農民居住，才能形成軍事防線，提供軍務所需。如果在農業生產上稍有鬆懈，這塊地方很快又會回復為草原，成為游牧民族的進襲通路。

石敬瑭所做的，是將在唐代經由藩鎮開發、維持的穩固農業屏障拱手讓給了遼。失去了這塊區域，在此以南的政權就必須隨時提防遊騎的勢力長驅直下，也就必須在南方儲備防禦的力量。

對於農業民族來說，很痛苦、也需付出很高代價的儲備做法就是養馬。你得訓練保有自己的騎兵，以便北方勢力南下時可以對抗，你再也沒辦法以燕山、太行山的自然地形來阻絕、防堵北方。北方遊騎可以大剌剌地選擇收穫季節南下，搶走農戶辛苦耕種的成果，輕鬆過冬，養好了實力明年再來。

西元九七九年，宋滅北漢，沒有了北漢作為緩衝，很快地就發生了宋遼之間的衝突。宋太宗想趁勝進占燕雲之地，於是決定親征北伐。趙光義是武人出身，有軍事經驗，是真的能帶兵的。軍隊先是攻下了涿州，看來情勢大好，卻不意在圍幽州的高梁河一役，遼中大將耶律休哥帶軍隊從兩翼殺出，衝得宋軍大亂，宋太宗身上中箭，只好坐在驢車上逃離戰場，軍隊潰敗。其後兩軍交戰互有勝敗。

此後宋太宗一直受箭傷舊疾所苦，而且視那場敗戰為奇恥大辱，在宋朝政治上留下了深沉的陰影。

05 雍熙北伐失敗，暴露「將從中御」問題

西元九八二年，只有十二歲的遼聖宗即位，宋太宗逮住機會，於九八六年（雍熙三年）再度北伐。和七年前不一樣的是，宋太宗留在京城，沒有親征。宋軍分成三路北上，卻無法維繫有效的三路協同作戰。這次被稱為「雍熙北伐」的行動中有兩場主要的戰役，一場由曹彬率領的東路主力軍在岐溝關大敗，另一場則是西路軍在陳家谷受挫。當時西路軍雖連下雲、應、寰、朔四州，卻因東路軍失利而奉命撤退，大將楊業不得不從監軍王侁的錯誤誘敵之計而致全軍覆沒。

宋太宗第二次北伐不親征，當然有其道理，畢竟上一次受了箭傷，那麼危險。不過他第一次親征也是有道理的，因為五代的皇帝都是自己帶兵的，如果不自己帶兵要如何「杯酒釋兵權」？如何說服人家將兵權交出來？

趙匡胤、趙光義都會自己帶兵，所以訂了一個祖宗家法，規定「將從中御」（《續資治通鑑長編》），將領帶兵出去打仗都要聽命於皇帝。換句話說，皇帝自己是前線指揮官。這是防止將領複製「陳橋兵變」事件，節制武人不得作亂辦法中的一環。

皇帝是真正的統帥，理所當然應該到前線去。然而到了第二次北伐，受過傷的皇帝不方便再

去前線，可是這三路分頭出擊的部隊，卻都還是由留在後方的皇帝來指揮節制。這可就麻煩了，皇帝不可能即時、準確地掌握三支部隊的動向，命令又有時間差，怎麼協同作戰呢？

「雍熙北伐」大敗，顯露了宋朝之後還會一再遭遇的根本問題，那就是皇帝無法授權武將。這種方式連不去前線的趙光義都打不了勝仗，之後的皇帝不可能有軍事經驗，要怎麼指揮部隊行動？只要祖宗家法不改，宋朝的軍隊就不只不能打仗，根本就無法派遣指揮。

宋太宗北伐還有一項嚴重影響。第一次北伐攻打幽州時發生了一件事，「軍中嘗夜驚，不知上所在，有謀立德昭者，上聞不悅。」（《宋史．燕王德昭傳》）說某天夜裡軍中驚亂，皇帝一度行蹤不明，於是就有人謀議讓當時隨宋太宗出征的武功郡王趙德昭即位，以免在戰爭狀態中沒有皇帝。趙德昭身分特殊，他不是趙光義的兒子，而是趙匡胤的兒子。

經過杜太后介入，經過「燭影斧聲」的怪奇事件，弟弟趙光義在哥哥趙匡胤之後即位，卻偏偏遇到作戰中有人要擁立趙匡胤之子，趙光義當然不可能高興。

宋太宗帶去北伐的，是原本攻打北漢的同一支部隊，成功滅了北漢之後，來不及回師，就又去打遼國。等到北伐失利，趙德昭就向皇帝請求，覺得還是應該給予部隊滅北漢的獎賞。宋太宗給他的答覆是：「等你當皇帝時，你自己來賞也不遲！」這句話明顯表示了趙德昭想用這種方式收買人心，讓皇帝大大不滿。趙德昭怖懼之下，退朝後便即自刎。後來「雍熙北伐」趙光義不再親征，有懲於前鑑，擔心後方有變，也是一個有力的原因。

06 皇位繼承的亂源與趙普的態度

遇到敏感的繼承問題，趙光義就找了趙普來問。趙普最有名的是他留下了「半部《論語》治天下」的說法。[1]他能在宋太祖、太宗兩朝都有很高的地位，享有實權，不是僥倖偶然的。宋太宗即位後，一度疏遠趙普，因為很多人向皇帝告狀，說趙普反對宋太祖傳位給弟弟。

趙光義找來趙普，直接就問：「你當時反對哥哥傳位於我，現在你怎麼看？」這話看來像是挑釁地問趙普，覺得他這個皇帝當得好不好，有不稱職嗎？聰明的趙普卻不朝這個方向答話，他說：「我當時告誡過太祖，他不聽我的。他已經犯過一次錯，難道您還要再犯一次嗎？」[2]

趙普沒有否認自己反對太祖傳位給趙光義，也沒有為了那樣的態度道歉。他其實仍然堅持兄傳弟是不對的，那和趙光義是否能幹，能不能稱職當皇帝無關。重點在於這樣傳位會帶來政局不

1 此典故出自南宋羅大經《鶴林玉露．乙編卷一》：「趙普再相，人言普山東人，所讀者止《論語》，……太宗嘗以此語問普，普略不隱，對曰：『臣平生所知，誠不出此。昔以其半輔太祖定天下，今欲以其半輔陛下致太平。』」

2 《宋史．魏王廷美傳》記載：「太宗嘗以傳國之意訪之趙普，普曰：『太祖已誤，陛下豈容再誤邪？』」

穩定。趙匡胤沒有接受勸諫，證明是個錯誤，豈不就造成了當前的困擾嗎？接下來到底該傳給哥哥的兒子，還是趙光義自己的兒子？這明顯是個亂源啊！

同時趙普毫不猶豫地表態：還是應該維持父傳子的方式，不要再錯了，不要再製造混亂了。原本被皇帝疏離的趙普，也因為在密奏「金匱之盟」一事上為趙光義的皇位繼承取得合法性，再度在太宗朝得到重用。

發生一連串事件後，趙德昭因故自殺，接著他的弟弟趙德芳又因病猝死，趙匡胤留下的有皇位繼承權的兩個兒子都不在了。不過這時候還有另一個威脅，那是趙光義的四弟秦王趙廷美。前面是哥哥傳弟弟，那也就不能排除等這個弟弟死了，皇位再傳給更小的弟弟。

後來也是靠著趙普的協助，以「不得和外臣交接」的祖宗家法治辦趙廷美，將他放逐到涪陵。但在治辦秦王的過程中，趙光義的大兒子趙元佐卻站在叔叔那邊，因而和自己的父親發生了嚴重衝突，被父親刻意疏遠。趙廷美死後，趙元佐因病發狂。有一回重陽日內宴，他的病剛好，得知父親找了其他兄弟卻獨漏了他，就為此喝得爛醉，酒醉中衝動地將自己住的宮殿放火燒了。

這個兒子瘋了，被廢為庶人。另一個兒子趙元僖又比父親早死。據說他是被自己的寵妾意外毒死的，原本下毒要害的對象是趙元僖的元配妻子，卻不小心毒害了趙元僖。

07 皇權和文人身分的緊密糾結

這些宮廷傳言後來都成為重要的戲劇題材。不過歷史上真正重要的是：我們從趙普身上看到「重文輕武」另一個方向的發展，那就是輕武人、重文人的習慣甚至進一步改變了皇權的性質。宋太宗也是武人出身，卻延續哥哥的做法，不斷貶抑武人、抬高文人。到了他的子孫，逐漸地就將自己認同為文人，皇權和文人身分更加緊密糾結。

趙光義開始編書，開始自己寫詩，也鼓勵侍臣們要寫詩。最聰明的統治術運用，是將他編的書和寫的字當作獎賞賜給臣下。和文人文化配合在一起，就產生了不一樣的統治效果，誰能得到皇帝的詩和字，在意義上甚至高於從皇帝那裡得到珠寶和土地。

太宗朝時有個故事。皇帝寫了詩，某位大臣竟然用萬言長文來解釋皇帝的詩，皇帝一高興，就提筆用三種不同的字體抄寫那位大臣祝賀皇帝的詩送給他。這時一旁的兩位名臣，即同時入翰林、並列為「五鳳」的呂蒙正與蘇易簡，趁機也向皇帝求字，還為此吵了起來，呂蒙正甚至像小孩般對皇帝說：「是我先要的！」皇帝非但不以為忤，沒有降罪處罰，還將兩人都升了官。

這樣的風氣也影響了武將。要在朝廷上受到重視，與其追求建立多少戰功，展現自己多會打仗，還不如寫幾首像樣的詩。其他武人不會寫詩，會寫詩的自然就容易出頭了。

太宗死後，他的第三個兒子趙元侃（趙恆）即位，為宋真宗（九九七年—一〇二二年在位）。他是宋朝第一個沒有軍事經驗的皇帝，而且以他的出身，在這方面條件最差。太宗朝還有戰事時，陪著皇帝與知軍事的是當時的武功郡王趙德昭。但趙德昭死了，他弟弟趙德芳也死了，連趙元佐、趙元僖都沒有當上皇帝。真宗既非長子，也非嫡出，自然沒有受到太多的養成準備。

西元九九七年真宗即位，遼國清楚記得自己這邊新皇帝上任時，宋朝是如何趁機發兵來騷擾的，於是也以其人之道還治其人之身，連續幾年出兵犯邊。到了一〇〇四年（景德元年），蕭太后和遼聖宗更統領軍隊大舉南下。

宋朝朝廷譁然，大多數人都主張觀望或談判，當時擔任宰相的寇準卻力排眾議，要求真宗御駕親征。遼軍南下是閏九月時，真宗勉強同意親征，卻拖延著遲遲不行動。寇準想了各種方法催促出兵，簡直形成了宰相和皇帝間的大鬥法。寇準故意累積數天的戰報，一口氣將連續不利的消息呈遞給真宗，讓真宗感到事態嚴重。到了十一月二十日，真宗率領的大軍才正式出發。

這時候遼國軍隊已經迫近今河南北部，包圍了澶州與宋軍對峙，準備展開決戰。澶州跨黃河兩岸，分南、北城。真宗先進了南城，寇準不同意，堅持皇帝必須駐紮在北城，也就是更靠近遼軍的地方。皇帝親臨，宋軍士氣大增。這時幾項條件都對遼國不利，包括出兵已久，又深入敵境，加上澶州易守難攻，遼軍還折損了主將蕭撻覽，最終決定與宋朝議和。

真宗很高興，就派曹利用前去遼營談判。蘇轍的《龍川別志》和清代畢沅的《續資治通鑑》都記錄了這件事，出發前皇帝叮囑曹利用，談和難免花錢，但不能超過一百萬。(「必不得已，雖百萬亦可。」) 宰相寇準聽聞後，找來曹利用，不假辭色地告訴他：「如果超過三十萬，你就不必回來了！」

曹利用最終以三十萬（絹二十萬匹、銀十萬兩）談成了。回來要向皇帝報告時，真宗正在行宮用膳，就派了內侍問他結果。曹利用以此事機密，不方便直說，就用手勢比了個「三」。侍者自作聰明趕緊向真宗回報說：「比了三根指頭，豈不是三百萬？」真宗驚訝怎麼那麼多，但隨即又說：「算了，只要能夠平安也可以了。」

08 從寇準到王旦，士人的集體自尊自信

在這個事件中，我們看到了宋代士人在政治上相對強硬的態度。「重文輕武」到了極端，也就使得士人有了「與皇帝共治天下」的感受。他們察覺皇帝在行使皇權時，為了避免武人與武力

介入，需要文人的協助，甚至皇權的合法性是建立在和文人合作、取得文人配合一事上的。

為了裁抑武人，宋代皇帝的確必須對文人相對讓步，宋太祖、太宗允許趙普介入皇位繼承的考量與決定，真宗時寇準也取得了堅持皇帝到最前線去的權力。宋代是出最多名相的時代，如范仲淹、歐陽修，後面更有權傾一時的王安石。

寇準對真宗的強硬態度，不是出於他個人與皇帝的關係，而是他代表文人所取得的特殊權力。一項清楚的例證是同為真宗朝的大臣王旦。王旦和寇準平時相處得不好，立場往往對立，然而在澶淵之戰中，兩人卻密切合作。寇準力主皇帝親征，當然必須和皇帝一起到前線去，那麼誰留守呢？留守的是王旦。明代陳邦瞻《宋史紀事本末．契丹盟好》中記錄，軍隊出發之前，王旦和寇準同在真宗面前，王旦問：「軍隊出發後，如果十日都未有捷報，該如何？」

這是個既可怕又難堪的問題，意思是皇帝親征，萬一打了敗仗該怎麼辦？這問題其實只有一個答案，重點是必須要由皇帝親口說出來，才有未來處理的依據。而在王旦和寇準的逼視下，儘管千般不願意，真宗還是不能不說：「那就立太子。」那不是立太子，而是立太子為帝，讓太子即位。

王旦的意思是你們在前線可能遭遇不測，我在後方留守不能沒有皇帝，所以當著皇帝的面一定要爭取到交代。這也是將如何處理皇位的事情，當作是自己大臣責任的一部分，是「與皇帝共治天下」的另一種反映。從寇準到王旦，示範了北宋士人的集體特性，他們不只有勇氣，更重要的，他們的勇氣來自於他們的集體自尊與自信。

他們不可能挑戰皇權，他們也知道皇帝可以任意調動大臣，可是他們不怕得罪皇帝，因為這個人被換掉了，換上另一個士大夫，他的態度也還是一樣的。王旦和寇準可以互爭、互為政敵，但在面對皇帝時，他們都屬於士人集團的一分子，擁有同樣的士人意識，都相信士人有權也有責要「與皇帝共治天下」。這邊的大臣教你御駕親征，那邊的大臣要你允諾十天沒有捷報就換皇帝，都是強硬的。

戰事平息，簽訂「澶淵盟約」之後，王欽若到皇帝面前批評寇準，說他的態度輕忽了皇帝的安全，置皇帝性命於危急之地。真宗的反應是似乎恍然大悟，方才明瞭原來自己到前線去是會有危險的。但對比前面和王旦的問答就知道，這絕對不可能是事實。都已經被迫允諾十日要立新皇帝的時限，真宗怎麼可能不知道有危險？

所以真正的重點是，王欽若提出了可以提高皇帝地位的方法，也就是告訴皇帝如何能夠不再被宰相、大臣們要脅逼迫。他的方法是得到上天給予的符籙後，前往泰山封禪。看看過去的皇帝為什麼那麼威武，因為他們都到泰山封禪，而宋朝傳到第三位皇帝了，卻遲遲還未行封禪禮。

真宗聽了半信半疑，問：「要得到上天降下的符籙，有那麼容易嗎？」王欽若表示當然可以有符籙。真宗還是沒有把握，就找來朝中號稱博學的杜鎬，問他古來的祥瑞、異象、符籙究竟是怎麼一回事？杜鎬回答說，那是聖人用來教民的手段。意思是這不是真的從天上降下來的，只是讓人民相信有這種天道顯現，因而不敢為非作歹。

杜鎬和王欽若的立場或許不同，但觀念卻是一致的。王欽若之所以聲稱封禪就一定能得到符籙，並不是出於迷信，剛好相反，而是根本認為符籙是人造出來的，那麼當然要造就有。這是近世中國文人的另一項特殊精神，他們帶有濃厚的世俗理性精神，不相信超越的力量，而是從聖人設教的功能、角度予以合理化。

皇帝認為杜鎬也同意王欽若的主張，於是就假造出了天書。一〇〇八年正月初三，皇帝告訴大臣們自己先前做了個夢，夢見有神人預告將賜與天書，天書上面會有所指示。過了不久，果然在承天門南鴟尾上發現了一塊寫有文字的黃帛，上頭寫的是：「趙受命，興於宋，付於恆。居其器，守於正。世七百，九九定。」這也就是符籙。關鍵在「世七百」，表示宋朝可以傳七百代，或至少可以傳七百年。真宗甚喜，當場大赦並改年號為「大中祥符」。好了，有此依據，就可以出發到泰山封禪了。

09 武勇價值消失，帶兵本領也消失了

真宗真的相信封禪可以提高皇權，讓他身上的權力上追秦皇漢武。但時代改變了，宋代的士人已經不是漢武帝時對於無法參與封禪而耿耿於懷、含恨以終的司馬談了。

真宗之所以採納這種策略，是因為在和遼國的衝突中，他真切感受到自己在像寇準、王旦這樣的士大夫面前沒有足夠的權威。可是他造天書、搞封禪的做法，遇到只從統治功能角度看待這種儀式的宋代士人，那是緣木求魚，不可能有增長皇帝權威的效果，甚至可能反而使得皇權更加低落。

王欽若是這件事的主謀者，杜鎬成了幫凶，但其心理的出發點都是不相信祥瑞、異象、符籙是真的從上天來的，他們知道那是人造的。士人普遍不相信符籙、封禪的神祕與神聖性，做這樣的事又怎麼可能提高皇帝在他們面前的權威呢？

弔詭的，實際效果是讓皇帝在統治上更加依賴士人，連要如何對付士人，連符籙怎麼來的、又是什麼樣的東西，皇帝也得靠士人給他建議，為他解說。

北宋政治史上的一大主題是黨爭。而黨爭現象背後的結構性因素，就是皇權合法性相對低

落。皇帝可以任意處置個別的士人，但皇帝無法獨立於士人意見與士人牽制之外進行統治。從一個方向看，不同的黨要爭取皇帝的支持；但換另一個方向看，皇帝也需要抓住某個士人的黨，才能行使統治權。皇帝沒有高高在上地俯視士人們的爭執，形成一個仲裁者、統合者的地位，而是在政權行使上，他和士人們緊緊連在一起，他也是黨爭中的重要部分。於是就讓黨爭更加嚴重、無法收拾了。

從真宗朝到仁宗朝（一〇二二年—一〇六三年在位），情況愈發朝士人傾斜。在西北對抗西夏的名將，如韓琦、范仲淹等，他們都是文人，而不是真正的武將，但擔任軍事領袖的卻是他們。武人出身而實際帶兵，有時還要帶不是宋朝的兵（例如帶領吐蕃部隊聯合作戰）的是狄青。狄青驍勇善戰，號稱「連二十四戰不敗」，因而受到范仲淹的注意。范仲淹特別接見狄青，說了什麼？他交給狄青一本《左氏春秋》，告訴他：「將不知古今，匹夫勇耳。」（《宋史．狄青傳》）說武人不可以不讀書，要他好好研讀《左氏春秋》。

狄青還真的聽話讀書了，才有後來的發展。他在前線建立了許多功績，得到皇帝召見的至高榮寵。皇帝見了他，又跟他說了什麼，給他什麼樣的獎勵呢？皇帝特別允許他可以除去臉上的刺青。是的，狄青和所有的武人一樣，臉上有刺青，走到哪裡人家都看得到，也都被看不起。不過狄青的反應是婉拒了，表示他有分寸，接受自己武人的身分，這讓他取得了文人的信任與尊重，可以在仁宗朝繼續發展。

狄青的傳奇勝仗是平定廣源蠻之役，那是在西南的深山峻谷中，漢人軍隊無法在那樣的地理環境中打仗，於是狄青動員指揮了吐蕃兵，才得以制伏廣源蠻的首領儂智高。藉此他被授命為全權負責嶺南軍事，西南邊境的軍務由他統籌。這是破格任命。首先，破格由武人而非文人擔任一般的軍事長官。武人只有在戰事爆發時才能領軍，但領軍時旁邊一定會配發一位監軍，不可能讓武人自行指揮。狄青成了唯一的例外，不是文人卻能擔當軍事領導，出兵時皇帝也不派監軍去監視、牽制他。

後世關於狄青的記錄，尤其在民間戲文中，強調的往往都不是戰場上他武勇的那一面。攻打儂智高的戲，凸顯的是他如何用智。出征前夕，他下令讓部隊休息十日，喧譁歡樂。儂智高的探子將情形回報，以為宋軍不會馬上行動。豈料第二天狄青迅即整軍，率領騎兵奇襲儂智高，對方因為防備不及而大敗潰逃。

另一個故事則說，狄青出兵征討儂智高前，取來一百個銅板，向神明祝禱說：「如果這次能大獲全勝，請讓擲出來的銅板全部都是正面朝上。」他不顧左右勸阻，揮手一擲，果然全部都是正面，全軍認定上天顯示會打勝仗，因而士氣大振。不過事實上狄青用的銅板兩面都是正面。

最會打仗的狄青，靠的是具備符合文人價值的素質，而不是武勇。這是北宋「重文輕武」付出的最高代價，不只是不重視軍事能力，到後來連打仗戰備是怎麼一回事都扭曲、失真了。身為一名武人，其應有的武勇價值消失了；作為一名將領，其應有的帶兵本領與原則也消失了。

全權負責嶺南軍事之後，狄青又被仁宗從副樞密使拔擢為樞密使，但即使是他自謙自抑，得到許多文人的信任，這命令一出還是引發軒然大波，原本支持他的文人也紛紛表示無法接受。突然之間，都城中謠言四起，說狄青家夜裡出現奇怪火光、狄家的狗生出角來……，都是這一類怪力亂神的妖怪故事，簡直不把武人當人看待。

於是仁宗不得不罷免狄青，狄青終究不得不抑鬱以終。戲文中留下的故事說，狄青得知自己被外放陳州時，突然想起陳州最有名的梨子叫做「青沙爛」，這名字豈不是預言狄青要爛死在陳州嗎？後來他果然以四十九歲之年死於陳州。

10 神宗對西夏的軍事企圖與挫敗

仁宗之後是英宗（一〇六三年—一〇六七年在位），英宗之後神宗即位（一〇六七年—一〇八五年在位），神宗年輕氣盛，問前朝留下的老臣富弼該如何統治天下、處理邊事？富弼的答案好簡單：「願二十年口不言兵。」（《宋史・富弼傳》）神宗無法忍受這種保守退縮的態度，他知道絕對不能用像富弼這樣的宰相。要當個強悍的皇帝，先要找到一個強悍的宰相。他找的就是王安石。

神宗朝迫切要處理的大問題是西夏。此時王韶呈上了著名的〈平戎策〉三篇，建議先拿河湟之地，以建立對西夏的包圍之勢，也就是收服聯絡吐蕃部族，再用吐蕃之兵連接西羌，從南邊威嚇西夏。〈平戎策〉得到王安石的大力支持，於熙寧五年（一〇七二年）命王韶攻取河湟、青唐地區，設置了熙州（今甘肅臨洮一帶），特別強調是熙寧年間拓邊收復的國土。王韶也因戰功累升至樞密副使。

一〇八一、一〇八二連續兩年，神宗發兵三十萬進攻西夏，前一年由宦官李憲統領五路大軍，先勝後敗於靈州；次年由徐禧、种諤領兵，又敗於永樂城。兩場對西夏的出征失利，大為挫折宋朝對外的軍事企圖。

宋代政治上最關鍵的因素，是士人與皇帝共治。這不是指皇帝高高在上，由士人去服侍皇帝，而是士人集體的力量與皇帝權力平行合作。這又是之所以要重新認識中國歷史的一個理由。過去對於中國政治的印象，總是一體假定權力中心就是皇帝，由皇帝來統治。然而歷史現實上，皇帝的權力不只隨著時代有大有小，而且行使的方式很不一樣，和底下官僚體制之間的關係也不斷變化。把所有的皇帝都看成是一樣的，以為他們在政治上的地位與作用都一樣，就無法認識中國政治史最核心的真貌。

第二講

變法與黨爭

01 唯一能和皇帝分權的只有士人

近世中國政治上的一大特色是過去得以牽制、制衡皇權的因素，不論是社會性的或制度性的，都在大幅削減。社會性指的是中介集團，如世族門第或寺廟的勢力萎縮；制度性指的是沒有了單一的宰相，而且原本負責勸諫皇帝的諫官，功能被轉移到和糾舉官員的御史相同了。

另外，經過了五代動亂後，新建的王朝小心謹慎地處理地方權力，確保中唐以降的藩鎮割據狀況不會重現。地方不准擁有兵權，軍事事務完全集中在中央。即使是與軍事無關的地方行政權也大幅削減，一切都由中央統籌管理。

之所以產生皇權如此提升的變化，根底上有著更普遍的中國社會的重新組構，社會群體與社會階級在這段時間裡徹底大翻修。在這變化過程中，士人的角色與地位當然也牽涉其中。皇權上升，一部分依靠律定了新的權力來源及權力合法性，也就是皇帝成為士人的領袖，由士人的知識、能力、操守與社會信任來保障皇權。因而北宋之後，唯一能和皇帝分權的只有士人。缺少了士人的身分，不管家世多麼顯赫，不管立下多少戰功，都不能正式取得政治體制中的地位，以及依隨這地位而來的權力。

再者，士人身分取得的管道，到宋代之後也近乎單一化了。唐代還有世族出身的士人，他們接受世族教育養成，然後進入太學，如此成為一名士人，再看是否能在科舉中考取明經科或進士科，來決定未來在朝廷中的前途。但宋代以後這條路沒有了，要成為士人，一定得通過科舉，而參加科舉的價值意識形態也就是參與、協助皇帝統治。皇帝和士人的關係比以前密切許多。

從皇權的角度看，這是所得多於所失的划算交易。失，是和士人分權，與士人共治，不再能夠獨斷行使統治權；得，則是獲得了統治上的高度安全感。相對於過去的武人或世家，士人沒有世襲的保障，每個人必須通過科舉來取得身分資格，父親是士人，不能保證兒子也可以是士人。以前的世族一代代傳下來，很多比朝代還長久，皇帝換人、換姓了，這些世族都還一直在。武人也是一代傳一代，有自己的穩固基礎，只對皇帝提供表面的服從與尊重。

科舉所產生的士人都沒有這種問題。雖然是分權、分治，士人和皇帝在這方面卻形成截然對比。皇帝是世襲的，正常情況下由血緣來決定，不會中斷；士人的身分與權力卻是及身而終，活著的時候有，死了就沒有了，不可能依憑其意志傳遞交付給任何人。

02 北宋黨爭的本質是「意見重於身分」

藉由抬高士人地位，將武人相對貶抑下去，解決了過去軍權威脅皇權、地方威脅中央的嚴重問題，也就是將政權的合法性建立在和士人的合作共治基礎上。由此建立了種種祖宗家法來保障士人，不可以侮辱士人、不可以殺言官等等，視為王朝的政治原則，節制了皇權。如此一來，在北宋刺激出高度的士氣，作為一個集團，士人們真的相信，既自豪又帶有責任感地相信，天下是由皇帝和士人共治的。

近世前期與近世後期在這方面有著最大的差異。明朝之後，士人的地位逐漸淪喪，以至於雖然表面的角色維持著，社會上也沒有出現其他集團或其他階級來侵蝕、搶奪士人的權力，但實質上士人和皇帝之間的距離愈拉愈大。一種是權力上的距離，另一種是關係上的距離，而兩者又互為表裡。

明太祖因「胡惟庸案」而廢宰相，只是其中一項因素。出現「廷杖」的懲罰，也是其中一項因素。「以八股取士」，將讀書徹底技術化，窒息了士人的思想發展，也是其中一項因素。眾多因素累積，彼此加強，到了明神宗萬曆朝，惡化到出現皇帝二十餘年不見朝臣的荒唐局面。試問，絕大部分士人，即使任職高官，都從來不曾見著皇帝，要如何「與皇帝共治天下」？甚至要如何維持「與皇帝共治天下」的信念？

從歷史上看，唐朝有黨爭，宋朝也有黨爭，然而一旦了解宋朝獨特的「士人與皇帝共治天下」政治背景，我們就不能想當然耳地將兩朝的黨爭混為一談。唐朝黨爭分黨分派的原則是「身分重於意見」，牛黨和李黨的成員身分背景很不一樣，但相對地，彼此政見立場並沒有很明顯的差別。黨爭過程中不太會看到有人因為信念的改變，而從這個黨跳到那個黨去。黨的屬性很難改變，因為身分無法改變。

宋朝沒有門第、寒門的區別，也沒有明經科和進士科的區別，那是唐朝黨爭的根本原因。宋朝的黨爭是倒過來的，「意見重於身分」。若要從身分上看，其實看不出太大的道理。宋哲宗元祐朝有所謂的「洛」、「蜀」、「朔」三黨，[3]看起來好像是用出身地域來區分的。在四川出生長大的就歸到「蜀」派，和其他四川人在一起。但是細查當時的黨派狀況，卻發現三派領導人雖有明確的地域出身差別，如「蜀黨」就是由來自四川眉山的蘇軾帶領、代表的，可是歸在這一黨且

3 《宋史紀事本末．洛蜀黨議》云：「時，呂公著獨當國，群賢咸在朝，不能不以類相從，遂有洛黨、蜀黨、朔黨之語。洛黨以頤為首，而朱光庭、賈易為輔。蜀黨以蘇軾為首，而呂陶等為輔。朔黨以劉摯、梁燾、王岩叟、劉安世為首，而輔之者尤眾。」

和蘇軾相善的，卻並不都是四川人。尤其是後來新黨復辟，和蘇軾一起遭到打壓放逐的那群人，很多都不是來自四川。

北宋黨爭本質上是意見之爭，意見之爭也就沒有必定誰屬於哪個黨。唐代牛黨的人不太可能明天變成李黨的，李黨的人也不會想將牛黨的人拉到自己陣營裡。可是北宋的黨爭就有很高的流動性，沒有必然的力量將一個人限制在一個黨裡，也沒有必然的力量控制一個黨應該包括哪些成員。高流動性，也就等於是充滿各種變節、背叛可能性的環境。那個時代的黨沒有制度化，沒有黨員、黨證、黨代表大會，純粹依意見立場形成團體，照理說應該會有許多不同團體，各個團體都很不穩定。團體之間混戰一氣，那就很難形成兩個黨對峙拉扯的「黨爭」。

有「黨爭」，是因為先有關於「黨」的一些特別觀念，才形成了特殊的「黨」。

03 歐陽修〈朋黨論〉：小人無朋，君子有之

宋仁宗慶曆四年（一〇四四年），有一天皇帝召集重要的輔臣，包括范仲淹、歐陽修、尹洙

等人，問：「自昔小人多為朋黨，亦有君子之黨乎？」（《續資治通鑑長編．卷一百四十八》）說以前歷史上有很多小人結黨作惡的例子，那麼君子也會成群、也會結黨嗎？

范仲淹回答：「臣在邊時，見好戰者自為黨，而怯戰者亦自為黨，其在朝廷，邪正之黨亦然，唯聖心所察耳。苟朋而為善，於國家何害也？」依照他過去守邊時的經驗，好戰的或怯戰的通常會各自聚在一起，也就是同樣態度、同樣主張的人傾向於結合為群體。那麼想必朝廷也是一樣，正人和正人在一起，邪人和邪人在一起，就看皇帝如何判斷哪些人是正、哪些人又是邪了。如果形成團體是為了做好事，那應該沒有壞處吧！

因應這個議題，歐陽修接著寫了〈朋黨論〉，文章裡說：

> 大凡君子與君子以同道為朋，小人與小人以同利為朋，此自然之理也。然臣謂小人無朋，惟君子則有之。其故何哉？小人所好者，祿利也；所貪者，財貨也。當其同利之時，暫相黨引以為朋者，偽也；及其見利而爭先，或利盡而交疏，則反相賊害，雖其兄弟親戚，不能相保。故臣謂小人無朋，其暫為朋者，偽也。君子則不然。所守者道義，所行者忠信，所惜者名節。以之修身，則同道而相益；以之事國，則同心而共濟，終始如一，此君子之朋也。

他先將君子和小人之所以結為朋黨的理由予以區別，君子是因為具備同樣的原則而在一起，小人卻是為了追求同樣的利益才在一起。君子不會和小人一起，小人也不會因為原則而結合，這都是自然的現象、自然的道理。

接著他話鋒一轉，做了個翻案，說其實小人沒有朋黨，君子才有。以前傳統上認為「君子矜而不爭，群而不黨」（《論語．衛靈公》），而仁宗皇帝的問題也預設了君子應該是獨立行事的，只有小人才聚為群體。歐陽修卻說不對，應該是相反過來才對。這就顯現了前面所說的中國式的自由主義，以及士人相對於皇帝的一種不馴的態度。明知道皇帝討厭朋黨，不希望士人結黨，他們卻因此更要表現不同的判斷，獨立於皇帝立場之外的判斷。

小人喜歡的是利祿，貪圖的是財貨，認朋友、互相結交只是用來獲取利益的手段而已，不是真的喜歡朋友，所以是假的。在利益介入的情況下，有時候見到利益就會爭先搶奪，有時候利益消失了，也就失去繼續在一起的動機。不只如此，本來在一起的還會為了利益而彼此陷害，就算是兄弟、親戚，也不會互相幫忙，不會提供協助保護。

君子就不一樣。君子遵守道義、忠信原則，而且珍惜自己的名節。在私人修養上，君子和君子間可以互相砥礪精進；在國事上，也就可以同心共濟，基於相同的信念而始終如一。所以只有君子的朋黨是真的、恆常的，小人的朋黨相對只在表面假象上，也必然是短暫的。

04 不只爭是非對錯，更上綱到爭善惡好壞

到了神宗元豐年間，另一位古文大家蘇軾寫下了〈續朋黨論〉，這是擺明了接續歐陽修的文章，替歐陽修寫續篇。歐陽修說君子有黨是理所當然的，君子們才能長久在一起，小人無法團結。蘇軾則進一步區分「君子黨」和「小人黨」：

君子以道事君，人主必敬之而疏。小人唯予言而莫予違，人主必狎之而親。疏者易間，而親者難睽也。而君子者，不得志則奉身而退，樂道不仕。小人者，不得志則僥倖復用，唯怨之報。此其所以必勝也。

這是從「人主」的反應來看的。君子以原則對待國君，是就是、不是就不是，對就對、不對就不對，所以國君會敬重君子，卻不那麼喜歡和君子在一起。小人卻是國君說什麼都同意、都稱讚，能夠討國君歡心，所以國君自然比較喜歡親近他們。本來就疏遠的人，當然很容易被離間；平常就親近的人，很難被隔開。而且君子即使不被喜愛、不被親近，依然堅持原則，寧可退隱不

仕。小人不能忍受被疏離，一定要想盡辦法爭取再被重用的機會，還會報復那些使得他們被疏離的人。這就是小人一定會勝過君子的原因。

由此產生了對於朋黨的二分觀念，要嘛是君子之黨，不然就是小人之黨。可以想見，如此二分又必然符合「我們／他們」的劃界。「我們」一定是君子之黨，那麼「他們」也就一定是小人之黨。

司馬光自己深陷在黨爭中，他在《資治通鑑》裡寫到了唐代的牛李黨爭，引用唐文宗說的一句話：「去河北賊易，去朝中朋黨難！」然後發了一段議論：

> 臣光曰：夫君子小人之不相容，猶冰炭之不可同器而處也。故君子得位則斥小人，小人得勢則排君子，此自然之理也。（《資治通鑑．唐紀六十一》）

唐文宗的感慨是朝廷兩黨鬥得水火不容、鬥得不識大體，就連河北發生亂事，依然苦鬥不休。司馬光的評語卻強調有朋黨之爭是「自然之理」，換句話說，唐文宗感慨錯了，不該希望「去朝中朋黨」啊！

司馬光這種態度，實在難稱作史家平允之言。為什麼朝中朋黨去不了？因為一邊是君子、一邊是小人，君子有權就排斥小人，小人得勢就排擠君子。這清楚反映了宋代士人的觀念，自認是君子，就容不得小人，視對方為小人，也就有心理準備會被對方排斥、排擠。這不是在評論唐代黨爭，而是表達宋代黨爭的根本態度。

宋代黨爭取得了前所未有的合法性，既然分君子、小人，那就勢不兩立，非爭不可。宋代士人就是文人，文人沒有不當官的，當官的士人也沒有不會寫文章的，於是更進一步出現了好多合理化黨爭的文章，鏗鏘有力，一篇篇都是出自大家手筆。文章要寫得最有力，就是動用道德修辭來分辨朋黨。於是黨爭就不可能只爭是非對錯，一定要上綱到爭善惡好壞——我們是善的，對方就一定是惡的；我們是好的，對方就一定是壞的。

道德論述介入之後，彼此的對立當然更加嚴重，幾乎消除了任何妥協合作的空間，更取消了一切就事論事的可能。雙方一說話、一寫文章就都是人身攻擊，將對方指為惡人、壞人。

05 言官將力氣都用在指導宰相

回到慶曆四年的場景，為什麼仁宗皇帝特地找大臣來問：君子是不是也會結黨？

因為皇帝聽到了別人對范仲淹、歐陽修、尹洙、余靖等人成群結隊的警告，特別提醒皇帝要注意。好些御史和諫官都對這個集團側目，躍躍欲試準備發難打擊他們。皇帝不得不處理，只好將他們找來，意思就是要他們自己解釋這到底是怎麼一回事。作為這個集團的老大哥，范仲淹提出了強力辯護，希望讓皇帝改變態度，不要認為朋黨就一定是為非作歹，也有好人為了做好事而集結的團體。

將朋黨問題鬧得那麼大，一部分原因在新的臺諫。諫官本來是要幫助宰相勸諫皇帝的，到了宋代卻被皇帝拉攏過去，反而變成站在皇帝的立場來監視宰相，如此在功能上就和原本的御史臺重疊了。原先諫官因為必須勸諫皇帝，慣常選擇比較年輕又勇於直言的人來擔任，而在新的態勢下，諫官變得更有理由勇於直言，一來直言批評的對象是宰相，不用承擔像批評皇帝那麼大的風險；二來要顯得比御史更嚴厲，競爭皇帝的注意。於是使得宰相、乃至整個文官體系和諫官之間形成十分緊張的關係。

蘇軾恃才傲物，曾經在他的〈上神宗皇帝書〉中直接提到諫官：

恭惟祖宗所以深計而預圖，固非小臣所能億度而周知。然觀其委任臺諫之一端，則是聖人過防之至計。歷觀秦、漢以及五代，諫諍而死，蓋數百人。而自建隆以來，未嘗罪一言者，縱有薄責，旋即超升。許以風聞，而無官長。風采所係，不問尊卑。言及乘輿，則天子改容；

事關廊廟，則宰相待罪。故仁宗之世，議者譏宰相但奉行臺諫風旨而已。聖人深意，流俗豈知？擢用臺諫固未必皆賢，所言亦未必皆是，然須養其銳氣而借之重權者，豈徒然哉？

意思是，我不敢用自己的有限智慧去揣度祖宗訂定制度的深刻用心，不過看設立臺諫這一件事，顯然是聖人為了避免犯錯的極端手段。極端到什麼程度呢？從歷史上看，秦、漢開始，直到五代，直言諫諍因而喪失生命的有幾百人啊！可是自宋朝建立以來，從來沒有言官被入罪，就算有輕罰的，也馬上就又獲得拔擢。言官得到鼓勵，可以越過長官報告，以至於他們眼中簡直沒有尊卑概念了。如果批評皇帝，皇帝客客氣氣領受；如果批評朝政，那麼宰相立刻就要倒楣、要被處罰了。言官囂張到人們半開玩笑說，做宰相的其實是奉臺諫命令行事啊！

蘇軾文章的重點，在於臺諫對宰相有太大的影響力了！之前的言官有那麼多人獲罪，為什麼宋朝的言官都沒事？關鍵除了皇帝優遇言官之外，更在於言官批評的主要對象是宰相。言官只負責批評，話當然很容易說，但是要承擔批評的宰相可就難為了。搞到後來，言官好像宰相的上司，宰相必須顧慮言官的意見，甚至執行言官的意見。

話鋒一轉，蘇軾語帶諷刺地說，言官不見得個個都是有德有能之人，他們的意見也不見得都有多高明，但還是得養著他們，為了讓他們真正能發揮作用。言下之意是，顯然言官將力氣都用在指導宰相，這絕對不是對的作用。

06「朋黨」罪名是最簡單的莫須有

這些言官唯一的任務，是盯著這些做官的人，檢舉他們做了什麼錯事，久了就在職務上養成了運用尖刻語言來批評的習慣，尤其是講到宰相，一定要攻擊其品行道德，不只講起來最理直氣壯、最淋漓盡致，而且不需要證據，對方也最難說明解釋。

舉個例子，看看英宗治平三年，御史大夫呂誨和同僚范純仁、呂大防共同彈劾宰相所使用的字句：

豺狼當路，擊逐宜先；奸邪在朝，彈劾敢後？……朝論駭聞，天下失望。政典之所不赦，人神之所共棄。（《續資治通鑑長編．卷二百七》）

這個人的行為像是豺狼擋在路上，必須盡快打走；作為御史，對於彈劾奸邪之人豈能落後？而這人奸邪的程度，已經到了朝廷議論俱皆震駭，百姓大失所望，刑法找不到可以饒恕的條文，神人共憤！

這是「四六」駢文，工整有力，批評得很重。呂誨等人批評的對象是誰？是歐陽修。歐陽修竟然會是這樣無可饒恕的人？他都做了什麼傷天害理的事？為什麼我們印象裡的歐陽修一點都不像這段文字所形容的？

重點就在於，歐陽修還真沒做什麼邪惡到神人共憤的行為，更糟的是，呂誨等人之所以將話講得那麼嚴重、那麼絕對，也不是他們和歐陽修有什麼血海深仇。如此扭曲對於歐陽修的描述，那種咬牙切齒的口氣，主要來自言官的既成觀念，覺得那是他們職責的一部分，甚至就是他們主要的職責，要用這種方式攻擊、糾彈宰相。

不只是歐陽修，不是只針對歐陽修，而是任何人當上了宰相，就必然被言官視為毒蛇猛獸，被言官群起而攻之。那麼要是明明沒有貪贓枉法，沒有瀆職舞弊，該如何攻擊？最簡單也最便宜的莫須有，卻又往往是最難辯解的罪名，就是「朋黨」。能當到宰相，在官場上總有朋友吧，一定會有比較親近的三個五個、八個十個同僚，於是只要指名他有朋友，有經常見面談事情的同僚，就能構成「朋黨」之罪了。過去的觀念是小人才結朋黨，所以倒過來認定，有朋黨的人也就坐實了是小人。

這就是為什麼范仲淹要強調君子也有黨，為什麼這些大臣兼名士兼文章大家要前仆後繼地論朋黨、肯定朋黨，就是為了要堵住這個太方便言官攻擊謾罵的點。

他們強調不只有小人之黨，也有君子之黨，希望能阻止言官用「朋黨」罪名到皇帝面前去挑撥。如此心態下，很自然就形成了極端的二元價值劃分，將自己視為君子，將自己所不同意、或不同意自己的人視為小人，還進一步上綱到君子、小人勢不兩立。

07 「陞官圖」解密
北宋政治抗拒變化之因

大臣分黨，又受到宋代政治基本規範的影響。為了解決五代的動盪與不確定性，趙匡胤和趙光義兄弟特別凸顯祖宗家法，要為宋朝訂定一些最明確且不能改動的原則。既然是不能改動的，遵循祖宗家法的朝廷政治必然帶有強烈的保守性格。

保守性最清楚表現在對於既有政治體制的態度，認為不動、不改變是應該的，相對地，如果要有所改異，就必須提出解釋，而且需要有非常強烈的理由。反映在政治立場上，必定有很大一批人是保守派、是「舊黨」，認為現狀很好沒有需要改變，或者認為就算現狀有問題，也不能輕舉妄動，極度不信任改革。

如此一來，也就造成了有心要面對現實解決問題、推動改革的人，一來必須去衝撞「舊黨」

的保守結構，二來很難一個人單打獨鬥地提出主張、宣揚主張，必須要有相當的集團力量，才能不被既存的保守勢力淹沒。

宋代的考試制度比唐代更嚴謹，也更全面。考卷要糊名、要謄錄。取得當官資格要考試，能當多高的官也要考試。影響所及，宋代的官僚體制也比唐代嚴謹，一切都制度化，皇帝用人的決策空間其實小了很多，被牽制、阻止跳過制度規範不次拔擢。

從宋代開始高度發展的這套官僚體制，後來化身顯現在遊戲「陞官圖」中。那可不是簡單的圖，也不是簡單的遊戲，而是非常細密地安排了官僚系統中一步一步晉陞的步驟。現代美國的小孩從小玩「大富翁」，英文原名叫 Monopoly，本意是「壟斷」，也就是在遊戲中熟悉如何買賣土地、房屋，如何存款、借款，如何收付租金與過路費，以便將來在這套資本主義系統中成為具備壟斷優勢的大富翁。中國近世社會的小孩則玩「陞官圖」，在遊戲中內化關於什麼官在什麼位子的上下前後順序，熟悉官職變化的規則，以便將來在這套系統中爬到最高的官職上。

「陞官圖」反映出近世官場的特色，和中古之前很不一樣，嚴密的官僚體制規範中，幾乎取消了不次擢陞的可能。武將被壓抑了，連在戰場上建立戰功，像狄青那樣，陞官時都還是感受到突破不了的天花板存在。過去靠家世身分而能躍等、能平步青雲的機會，也隨著世族沒落而消失了。如此產生的集體效果是，官僚體制中的每一步都是設計好了的，走到這一步，下一步會是什麼，只要不得罪皇帝遭到降等放逐，就大致是清楚的。

每個人都在熬年資，大部分的人也就不會希望變動。已經熬到這個地步，當然期待順利接到設想好的下一步去。這是使得北宋政治長期抗拒變化的另一股巨大力量。

這樣的政治環境對誰最不利？什麼樣的人最容易感到不滿？那就是新進的官僚成員，剛進入這個系統，還來不及熬到足夠年資，感覺前途依舊如此遙遠的年輕人。他們如果想要有所作為，必定得要撼動如此井然森嚴的結構，必定得扮演改革派。

原有體系中的人大部分是不願意變動的，要真能撼動，光一個人扮演改革派是絕對不夠的，他必定還要找到同伴。

在仁宗、英宗朝時，富弼、歐陽修他們想有所作為，因為太過積極而被言官參奏；可是換到神宗朝，當王安石被拔擢為參知政事時，擔任宰相的富弼卻變成主要的保守派。不只因為他年紀大了，還因為他深入這個體系，成了這個體系的代表人物。

08「且要異論相攪，即各不敢為非」

助長黨爭的另一個因素是皇帝。相對於士人，皇權並沒有絕對的高度，於是北宋皇帝從太祖以下就意識到了要和士人合作。而對皇帝來說，最有利的情況就是士人不團結。士人分裂為黨派，是對皇帝有好處的。士人團結會給皇帝帶來最大的壓力，很難對這個集團說不；但如果士人分裂了，皇帝自然成為兩派爭相拉攏效忠的對象，也就取得了介入仲裁的高度。

《續資治通鑑長編．卷二百十三》中記載，真宗任命寇準為相時，當時的宰相王欽若明明與寇準意見不合，有人不理解皇帝的用意，真宗就說：「且要異論相攪，即各不敢為非。」意思是朝廷上最好有不同的意見，彼此反對、互相抗衡，那就誰都不敢囂張任事了。這是祖宗留下來給做皇帝的權謀之術、金科玉律。

關於黨爭最常見的誤會，是討論皇帝到底站在哪一邊，假定不同的皇帝有不同的立場，有的支持新黨，有的支持舊黨。但史料上顯現的，卻是不管哪位皇帝，往往都依違於不同的黨派間，不是單純地站在哪一邊，而是始終保持彈性。

神宗即位之初，依照原本的保守觀念，應該要凸顯王朝的重要成就，那就是從太祖建國到這時候差不多有一百年了，宋朝已經證明不是個短命的朝代，成就了百年的和平秩序。此時王安石卻上了一篇〈本朝百年無事劄子〉，題目看起來像是附和這個主題，實際內容卻是唱反調的。

王安石做了翻案，意思是百年來怎麼會是「無事」？這個王朝有很多問題，只是被掩蔽起來，假裝無事。就連要大家稱許、討論「百年無事」，都是掩飾問題的一種手段。王朝發展到這個階段，絕非「無事」，可以列出來的「有事」，有問題的一大串。

一般歷史的說法是，神宗被王安石說服了，所以支持新黨，推動「熙寧變法」。王安石趁機拔擢了許多新黨人士，斥退原先的舊黨人士。但神宗去世後，哲宗即位（一〇八五年—一一〇〇年在位），由高太皇太后掌權，於是重新啟用舊黨，「凡熙寧以來政事弗便者，次第罷之。」（《宋史·后妃列傳上》）

這樣的大略印象忽略了幾件事。第一，神宗朝時王安石曾兩度罷相，而且時間還滿長的。第二，當新黨用事時，舊黨雖不得志，卻並沒有受到清算，大多維持既有的地位，因此可以很快地又回到權力核心。第三，到了哲宗朝時，司馬光盡廢新法，但新黨人物也仍然留在朝中，等到哲宗親政，他們很快就又回來了，由章惇主導又行新法。

從神宗到哲宗，皇帝在最高權力運用上都刻意保留了一定的空間，不會徹底表態，而是讓底下兩派相爭，贏家、輸家都保持一定的局面，不會全輸或全贏。皇帝如此運用權力，加上前面提過的極端二元道德修辭，把一切都弄成是好人和壞人鬥，黨爭當然愈演愈烈。

09 熙寧黨爭的關鍵人物王安石

在這樣的政治結構背景之上，又有幾項因素使得「熙寧黨爭」格外激烈。其中一項是王安石的個性。他最有名的綽號叫做「拗相公」，表示他很固執，很難接受折衷與妥協。司馬光曾經在寫給王安石的信中（〈與王介甫書〉），列出王安石的四大罪狀，分別是：一侵官，二生事，三征利，四拒諫。

先說「生事」，那表示不只要改革，而且是要大改。司馬光自己的標準是「非大壞不更造」，全面改革帶來的破壞往往超過改革所能解決的問題，所以如果沒有「大壞」卻要全面重造，就是「生事」。

不過這樣的指責王安石當然不服氣，他的答辯指出：國家積貧、積弱，這最根底的兩項已經如此嚴重，當然是「大壞」，非「更造」不能解決問題，怎麼能說是「生事」？

黨爭的其中一項爭執重點，就在對於現況的評估。基本上舊黨是樂觀派，新黨則是悲觀派，一邊強調沒壞、沒問題的部分，一邊則凸顯已經「大壞」且造成迫切危險的部分。

再看「侵官」，這有兩層意思。一層指的是破壞了官僚體制，從王安石自己開始，就不是依循原有的階梯管道上來的，而是被皇帝不次拔擢的。然後王安石再運用他的權位，又拔擢了不少新黨人士。這些人上位之後，奪走了一些老臣原有的官守，僭用了他們的官職，這就造成第二層意義的「侵官」。

王安石「侵官」的具體證據，就是許多大臣紛紛請求退休。《續資治通鑑長編．卷二百二十四》記載，御史中丞楊繪曾經特別向皇帝點出，看看這些最近離開朝廷的舊臣年紀，范鎮六十三歲、呂誨五十八歲、歐陽修六十五歲，就辭官退休；另外富弼六十八歲、司馬光和王陶皆五十歲，或以身體不好被彈劾，或請求調任比較閒散的職位。這是為什麼？皇帝難道不該想想嗎？

神宗想了，也明白原因，就以此問王安石。王安石的回答是：「沒錯，的確如此，這幾個人都是因為不願與我合作而離開的。不過如果以建造房子做比喻，要先打好地基，才能在地基上樹立起柱子，柱子才能承受梁的重量，梁才能撐得住屋頂，才能有屋內的空間。如果用『糞壞』打地基，用『爛石』當柱子的底部，用『朽木』來當柱和梁，房屋一定會壞啊！」

意思是這些人不合作那太好了，不然要由這些「糞壞」、「爛石」、「朽木」當材料，新政怎麼可能做得起來？王安石的語言和想法都很刻薄，表現出要將這些人排擠在外、還要羞辱他們的態度。對司馬光來說，那就是使得這些人不能在原有官職上發揮的「侵官」做法。

不過四項罪名中，對舊黨而言最嚴重的是「征利」。〈朋黨論〉要分君子、小人，而傳統中君子、小人最理所當然的劃分，就是一個求「義」、一個求「利」。而的的確確，王安石口口聲聲都以「利」作為他政策的主要辯護。從「青苗法」、「免役錢」、「保馬法」等等，都牽涉到錢。王安石認為宋朝之所以積弱，就是因為積貧，要先解決「貧」的問題才有可能強大。所以他的政策強調「利」、強調錢。

這不就是「言利」的態度，不就證明了他是小人？一切都朝錢看，這種人怎麼可能是君子；一切都朝錢看，又如何能對國家好，豈不是從道德根基上敗壞了國家？既然證明了他是小人，在極端二分的價值觀中，也就證明了支持王安石的人是小人黨，反對他的人是君子黨。

對於「征利」的指控，王安石提出的辯護是《周禮》。《周禮》是周公寫的，書中有大半都在談理財，那麼難道周公也「征利」嗎？意思是，他所做的事和周公在《周禮》中所強調的沒有兩樣。

將自己比作周公，這太狂傲了吧！不只如此，王安石還寫了《周官新義》，加上王雱（他的兒子）和呂惠卿合撰的《毛詩義》、《尚書義》，稱為《三經新義》，被拿來當作學校教材和科舉考試的內容。這等於是以他自己的經學看法，訂定為教學與考試的標準。

王安石明知，如果不要那麼強調理財，多搭配一些其他方面的政策，就可以減少敵對阻力；也明知道將自己的著作定為經學權威，必然招來強烈攻擊。但他就是故意不讓步、故意挑釁。他回答皇帝的話，表明不需要這些人跟他合作；他改定科考教材，又表明了他要用新的標準去尋找新的人才，成立自己的朋黨。

10 道德修辭敗壞了政治思考的空間

在王安石這種個性衝擊下，政治意見的歧異就必然擴大為黨派之爭，又必然升高為沒有妥協空間的零和競爭。對於黨爭的激化，王安石的確要負很大的責任，不過黨爭的結構性因素，卻是早於王安石崛起之前就已經存在了，在王安石於政壇消失之後也仍然存在，持續作用。

「熙寧黨爭」大鬥一場，新黨壓過舊黨；到哲宗元祐朝前期，舊黨重振勢力，壓過新黨，但當時新黨的章惇已經在準備下一波的反擊。哲宗親政後，新黨大反撲，一度將舊黨幾乎盡數趕出權力圈。也就在新黨勢力的峰點，沒有舊黨挑戰時，新黨內部卻又開始分裂，如呂惠卿代表了新黨內部的激進派。

相應地，當舊黨執政不必考慮新黨因素時，舊黨內部也有洛黨和蜀黨之爭。洛黨的領袖是理學家程頤，蜀黨的領袖則是大文豪蘇軾。據說洛黨、蜀黨的爭執源自一件小事，牽涉到大史學家司馬光。

司馬光去世，蘇軾應該是喪禮最適當的主持者，然而哲宗卻將這個角色分派給了自己的老師程頤。程頤的個性及其相信的道理都是一板一眼、沒有彈性的。《續資治通鑑長編．卷三百九十三》記錄，司馬光喪禮那天，恰好是百官祭祀明堂的日子，蘇軾等官員先去完成了明堂祭儀，然後再轉去弔唁司馬光。沒想到大家卻被程頤阻止了，認為這樣不合古禮。

什麼樣的古禮？對程頤來說，最基本的原則就是孔子說的「子於是日哭，則不歌」（《論語·述而》），也就是吉事的儀式和凶事的儀式不能在同一天參與。祀明堂是吉事，那麼同一天之後就不能去弔喪。有人就質疑說：「我知道『有哭則不歌』的規定，但孔夫子可沒說『有歌則不哭』啊！」蘇軾更順勢取笑程頤說：「此乃枉死市叔孫通所制禮也。」意思是罵程頤死守規矩，硬是不理會程頤的阻攔。

蘇軾討厭程頤仗著皇帝老師的身分裝腔作勢，更受不了他死守書本規定的態度。這本來是兩人個性上的差異衝突，然而在北宋的政治結構下，遇到沒有新黨威脅時，也就足以造成舊黨本身的另一波黨爭。

北宋不只有一場新舊黨爭，而是有好幾次新舊黨爭，還要再加上新黨、舊黨內部分裂之爭，從仁宗朝開始持續到徽宗朝，幾乎沒有間斷。最有名的「熙寧黨爭」因為有「拗相公」王安石做主角，格外地戲劇性，然而絕對不能將王安石視為引發黨爭的主要原因。

再者，黨爭很嚴重，政治內耗很傷，不過促使黨爭不斷的結構性因素對於北宋積弱的影響更大。高度保守、抗拒改革的心態，絕對化「重文輕武」的安排，使得這個朝廷甚至無法在軍事上自衛，不斷地退縮，這可不是黨爭造成的結果。

黨爭帶來的最大破壞，其實是將道德修辭大量運用在政治上。自視為君子，將對手貶抑為小人，而且理所當然地認定君子所為就必然是對的，小人決定的、小人做的就一定是錯的。如此徹底敗壞了政治思考與政治討論的空間，那麼大的帝國，可是看待帝國事務的想法卻極其簡單，近乎幼稚。如此也使得道德要求變得愈來愈嚴格、愈來愈僵化，都用善惡、對錯二分來看待，沒有了比較細膩、允許灰色地帶、考慮不同情境和不同條件的可能性。政治與道德如此緊密地綁在一起，明顯給兩者都帶來了不好的結果。

程頤是這個僵化思考時代的代表，所以他會和帶有自由豪氣的蘇軾發生那樣的衝突。理學探討心性、理氣，有其認真深刻之處，然而理學一旦碰觸到具體道德問題，就往往僵化得荒唐，甚至近乎恐怖。例如一定要嚴格找出嫂嫂落水，叔叔是否該救、能救的規定，進而導出「生死事小，失節事大」的普遍結論，訂定為一般社會的行為守則，就既荒謬又可怕，基本上是以嚴厲、絕對的道德修辭掩蓋了人的真實多樣性。

在這方面，理學變成了「道學」，一天到晚關心的是依照這一套守則以確保自己是好人、能當好人。從這種角度出發，他們對於好人的光明面和昂揚精神就少有著墨，反而是從負面準則不斷拘束、不斷壓抑。這種想法從政治上又蔓延到社會上，留下了長遠的後遺症。

11 「目的理性」壓抑「工具理性」

王安石的變法失敗，相當程度上也源自於北宋思想中「目的理性」高度發達，相對「工具理性」卻被壓抑、跟不上的問題。王安石設定了政治上新的目的，深信自己提出的目的是對的，因而和舊黨發生了嚴重爭執。他堅持目的是對的，也就由目的來合理化自己所設計的種種政策。只是他的政策遠非當時的官僚體制所能執行，過程中產生了許多流弊，引來各方怨言。但王安石無法正視不當手段造成的弊病，堅持以正當目的為自己的政策辯護，結果更無法修正手段。

只關心目的，使得他相對樂觀，總以為訂好制度，就能收到預期的效果，也就必然缺乏檢驗實效的緊張感，以及提防手段偏差的監督程序。他的對手看到了錯誤，以此攻擊他的政策，又刺激他更不願讓步，更堅持目的上的正確性與正當性。

如此以主觀目的彼此相激，是北宋政治失敗，終於導致朝代滅亡悲劇的根本原因。

第三講

北宋到南宋，皇帝的統治意識

01 宋代皇子傾向文人教育而非君王教育

宋代政治上另一項不容忽視的特性，是皇帝的統治意識相對薄弱。連續幾朝的皇帝都不覺得當皇帝那麼重要、那麼了不起，更沒有認真看待作為皇帝應該要擔負的統治責任。

中國近世社會裡民間戲劇興起，其中一項大受歡迎的主題，就是搬演想像中的宮廷鬥爭。幾百年來，一直到今天，「宮鬥戲」都建立在一個基本假設上，那就是只有要機會，大家都想當皇帝，所以要想盡一切辦法去爭取太子位子。這樣的習慣假設，有時會妨礙我們解讀史料中宋代的現實狀況。

史料證據顯示，第一，北宋連續出了好幾個不稱職的皇帝，有的個性或能力不適合當皇帝，有的則是心態上不想當皇帝。第二，之所以出現這種現象，根柢上因為宋朝對於立儲沒有那麼重視，連帶地當然對於太子，也就是未來皇帝的教育訓練缺乏扎實的準備。

從北宋到南宋，面對北方的強敵，皇帝表現出空前的柔軟姿態。到後來甚至可以和金人約為君臣，[4]將自己降等都沒關係。南宋高宗即位，金人要求他應該跪拜接受詔書，他本來也答應了。這不單純是強弱現實態勢造成的，更反映了對於皇帝位子的觀念與價值。

宋朝的皇帝觀念和唐朝不一樣。李世民策動「玄武門之變」，不只殺了兄弟，隨後又逼父親退位，搶奪了皇帝大位。唐玄宗時發生「安史之亂」，玄宗倉皇出走，太子很快就在靈武宣布即位，造成父子間的緊張關係。但在宋徽宗朝，卻是皇帝看局勢不妙，自己不願再當皇帝，就叫太子接位；宋欽宗當太子已經當了十一年，卻大哭大鬧，絕對不願接位。他不想當皇帝，更精確地說，他怕當皇帝。

這種狀況背後，就是宋朝皇權的關鍵大問題，這些要當皇帝、當上皇帝的人，基本上都沒有受過合格的皇帝教育，從心態、知識到能力，都沒有適當的培養訓練。

長遠一點，從通史的角度看，中國歷史上的皇帝權位，一方面有很自然的一部分，就是由血緣身分決定的一部分；但另一方面，皇帝的工作卻又沒那麼自然，牽涉到很複雜的條件。

因而由世襲皇帝統治王朝的好壞，取決於如何選擇下一代的皇帝（如果有選擇空間的話），也就是取決於對未來皇帝的教育與養成。過去的歷史書中很少關注到、很少談到的，是皇帝如

4 據《金史・完顏宗弼傳》，金熙宗皇統二年（宋高宗紹興十二年），高宗依議和結果給金國上了一道誓表，極盡卑屈：「臣構言，今來畫疆，合以淮水中流為界，西有唐、鄧州割屬上國。……既蒙恩造，許備藩方，世世子孫，謹守臣節。每年皇帝生辰並正旦，遣使稱賀不絕。歲貢銀、絹二十五萬兩匹，自壬戌年為首，每春季差人搬送至泗州交納。有渝此盟，明神是殛，墜命亡氏，踣其國家。臣今既進誓表，伏望上國蚤降誓詔，庶使敝邑永有憑焉。」

何成為皇帝。這方面提供最多訊息的反而是「辮子戲」(清宮劇),因為清朝格外重視皇子的教育,也不採取嫡長子繼承制,等於是讓所有的皇子彼此競爭,表現自己的品性與能力來讓父親考核、選擇。

但我們不能將清宮中的情況視為中國歷史的通例。宋朝就很不一樣。談宋代歷史為什麼從文人文化談起,就因為強大的文人文化甚至改變了皇權的性格。宋代皇子不是沒有受教育,而是在文人文化影響下,他們所受的教育基本上是文人教育,而不是君王教育。

馬基維利(Niccolò Machiavelli, 1469-1527)的《君王論》(*Il Principe*)清楚定義了什麼是君王教育的主要內容;中國傳統中從《老子》到法家的種種著作與觀念,也都示範了君王應該具備的能力。最主要就是高度的權力欲望,盡量膨脹自己的權力,運用權術控制臣下、擺脫約束,使得權力盡量趨近於絕對化,制人而不受制於人。

然而這套權術之學,卻和宋代文人文化的「義利之辨」核心價值,以及講究品味的傾向互相違背。於是就使得深受文人文化浸染的宋代皇帝,沒那麼理所當然地去學習君王之術,對於權力與權術的看法也變得不一樣。

02 皇帝當得沒有意願，宰相趁機擴張相權

繼宋仁宗之後即位的是宋英宗，他不是仁宗的親生兒子，而是濮王所生，本名叫趙宗實，後來改名為趙曙。仁宗和曹皇后婚後未有小孩，先將濮王的兒子抱入宮中養了四年，等到其他妃子生下兒子，就將這個小孩送還濮王府。然而曹皇后一直未曾生育，其他妃子生的三個兒子都幼年夭折，意味著仁宗皇帝沒有嫡子、庶子。等到大臣要求立皇太子時，皇帝和皇后商量後，就選了濮王的這個兒子。

趙曙聽到要他進宮當皇太子，極度不願意，後來才勉強從命。進宮前還特別囑咐家裡的僕人，要他們將自己的房間收拾照顧好，認為自己隨時可能回來。他一直不相信自己會當皇帝，也沒有強烈的意願想當皇帝。

接位成為皇帝，他立刻就大病一場。病的起因是仁宗皇帝去世，趙曙得知後竟然驚叫：「某不敢為！某不敢為！」還是大臣們壓著他披上龍袍；仁宗大殮之日，趙曙又像發了瘋似地「號呼狂走」（《續資治通鑑長編‧卷一百九十八》），致使儀式無法順利進行，必須強力將趙曙拉開。有這樣的非常情況，於是英宗即位後，先由曹太后垂簾聽政。到了仁宗葬禮時，趙曙又出狀況，

禮儀上規定他該哭的時候，他偏偏哭不出來，整個人像根木頭一樣沒有反應。

為什麼會這樣？很重要的一點是他心中的「孝親」觀念讓他過不去。英宗親政之後，他花了一年半的時間與外朝大鬥法，只為了一件事，就是「議定濮王號」。依照禮法，他應該稱他的生父濮王為「皇伯」，他卻堅持一定要稱「皇考」。這很麻煩啊，如果稱濮王為「皇考」，那仁宗皇帝怎麼辦？一個人不能同時有兩個父親啊，皇帝更不能！

他無法接受自己變成了仁宗和曹皇后的兒子，必須放棄原本的真實身分。也就是他作為濮王兒子的責任，對他來說高於當皇帝奉行儀式的責任。他從來沒有準備好要公開以儀式讓自己變成仁宗的兒子，可是與仁宗去世相關的每一件事、每一個動作，卻都要求他表現出「孝子」的態度，這讓他無法接受。

當時掌政的韓琦想了個辦法，宣布新皇帝生病了，所以委由皇太后垂簾聽政。然而這時的英宗已經不是小孩了，皇太后聽政顯然只能是一時權宜，不能長久。於是又有了新的困擾：要如何讓皇太后將權力交出來，交給不是她自己親生的，又表現得不願意當她兒子的新皇帝？

還是靠宰相韓琦的設計。據《續資治通鑑長編．卷二百一》的記錄，有一天，韓琦藉口事態緊急，拿了十餘本奏摺交給英宗，讓英宗決斷。要如何簽批意見，韓琦應該事先都告訴英宗了。等英宗批完奏章，韓琦再將奏摺拿到曹太后那裡，問太后的看法。曹太后看了之後，點點頭說：「皇上裁決得挺不錯的。」

這時韓琦就向曹太后表示，自己老了，希望能離開中央到地方去。那個時代的慣例，文人宰相請辭，一定是表示有所不滿。曹太后立刻明白韓琦的心意，也就順勢說：「宰相還不老，倒是我老了，應該先退下來。」太后讓步了，韓琦馬上打蛇隨棍上，就問太后要還政的日期。曹太后沒料到他如此咄咄逼人，被逼得說不出話來，便起身離開。她一起身，韓琦就喊：「撤簾！」這是打鴨子上架了，當作太后從此刻起就結束垂簾聽政。簾子撤得好快，快到曹太后的身影還沒走遠，還看得到她的裙角。

如此一連串的變化發展，當然是韓琦事先安排好的，曹太后根本沒有機會抗拒。也就是究竟要母親主政，還是兒子主政，實質上宰相有很大的決定權，甚至是操控在宰相手中的。

接著登場的就是「濮議」了。皇帝要稱濮王為「皇考」，誰一定反對？當然是太后。名義上英宗是仁宗的兒子，也是曹太后的兒子，她才能當太后的啊。如果英宗另有一位父親，這不只在倫常上產生問題，在政治上更是等於推翻了太后的地位。

「濮議」拖了很久，最後是以曹太后同意簽署詔書才收場的，據說那又是韓琦伺機將曹太后灌醉後完成的，因為韓琦無法忍受「濮議」遲遲不解決，造成朝政停擺的狀況。

對待沒有很想當皇帝的英宗，韓琦不斷地擴張相權。到了英宗病重垂危時，宮中必須準備讓太子接位了，偏偏此時眾人以為去世了的英宗卻動了一下，還有生命跡象啊！那怎麼辦呢？要暫停太子即位的儀式嗎？韓琦當下決定儀式繼續，旁邊的人緊張地問：「如果老皇帝醒來呢？」韓琦的回答是：「那就讓他當太上皇吧！」

連這樣的事韓琦都認定宰相也能夠決定。日後到了明朝，相權明顯低落，士人和皇帝的地位從此一下一上；到了清朝，臣子對著皇帝得要下跪說話，以至於宋代的情況就被忽略、遺忘了。

03 英宗濮議、哲宗廢后，孝親大於皇帝角色

英宗之後，神宗即位，他是個想當皇帝，而且認真當皇帝的人。但神宗本身又反映了皇帝教育的另一面問題。神宗嚴重缺乏權術觀念，他之所以重用「拗相公」王安石，一部分原因在於他自己也是個「拗皇帝」。他對很多事情的看法頗為固執，不切實際又不講究手段。

神宗朝在處理西夏問題上付出了巨大的代價。要強兵，所以進行激烈改革，改革能收到效果之前，先引發了嚴重黨爭，後來得到的一些進展，也都在神宗朝就消耗掉了。關鍵在於神宗的錯估，發動了兩次西夏戰爭，先敗於靈州，再敗於永樂城。第一次是五路大軍出征，最終敗逃而返；第二次沒那麼大野心了，為了得到軍隊駐紮地而築永樂城，卻被西夏大軍包圍，無功而還。

兩場敗仗之後，神宗就一病不起了。

兩場敗仗花費掉多年來逐漸累積的國庫積蓄。神宗去世後，由才十歲的哲宗即位，大權落入英宗的高皇后手中，現在成了高太皇太后。她是由仁宗的曹皇后養大的，從小就住在皇宮裡，嫁給英宗時，宮中的說法是「天子娶媳婦，皇后嫁女兒」，可見她和姨母曹皇后的親近程度。

仁宗朝在宮中長大，又經歷英宗、神宗兩朝，高太皇太后對宮廷裡裡外外皆通透熟悉，掌權理所當然。高太皇太后聽政時，不是像清朝慈禧太后那般，隔著簾子坐在光緒皇帝的後面，形式上大臣們仍然是對皇帝上奏，而是和哲宗小皇帝對坐著。大臣有事，當然就面向太皇太后報告，於是小皇帝就一直記得自己是看著眾臣的屁股背影長大的。

加上他和名義上的祖母一點都不親，於是長大之後，就認定此事為極大的羞辱。這一方面是他自己對於皇帝的儀式性身分缺乏具體、確切的理解；另一方面，是宮廷裡無能處理禮法規定下的細節問題。

高太皇太后聽政的特色是「母改子政」，推翻了神宗的新政，改而重用舊黨。等到哲宗親政後，他就挾著對於羞辱的記憶與憤怒，再度激烈地反轉，盡廢舊黨，再度起用新黨。但這次的翻轉和神宗朝時不一樣，因為哲宗憤怒的對象實際上不是舊黨，而是給他羞辱記憶的祖母。所以他故意採取了破壞禮法的做法，包括曾經想要降旨取消已逝的高太皇太后的諡號，並用「老奸擅國」的詞語予以譴責。

這件事顯示出哲宗皇帝沒有意識到個人情緒與宮廷事務間的分際，也缺乏對於皇帝角色該做什麼、不該做什麼的基本分寸。尤其是面對強大的文人文化，哲宗不願、或無能對於最重要的「孝親」行為進行調整。英宗堅持認濮王為父親，哲宗則是為生母朱德妃強烈打抱不平，以至於發動對他所認定壓迫生母的祖母的死後批鬥，都和士人所看重、所強調的名分上的「孝親」規範大相逕庭。這就使得皇帝與士人的共治關係增添了皇帝在行使皇權上不利的變數。

近世文人文化中，有一種中古思想中沒有的個人道德意識，就是講究「誠」。中古世家重視的「孝」，著重在表面的禮儀；但宋代文人，尤其是講究道德的理學家，卻要求個人內心的真實感情。理學中談心、談性、談理，都不只是道理，而是要落實在現實生命中。「孝親」是天理之於人的一種表現，是內在的，而不是外在表演的。受此影響，英宗和哲宗傾向於肯定實質的孝親感情，也就是對濮王和朱太妃的感情，卻相對忽略了自身皇帝職務上對仁宗和高太皇太后應有的孝親責任。

據說朱太妃平常對向太后和高太皇太后極度遵奉，只有一次對太后與太皇太后的安排感到不滿。那是哲宗皇帝大婚時。向太后安排要娶孟皇后，成婚那天是五月二十六日，從陰陽五行上看，是「天地合」，一種解釋是「天地合」正適合皇帝皇后成婚，是吉祥的；但有另一種說法，認為「天地合」表示陰陽激盪，有所不測。朱太妃擔心如此一來兒子的陽氣會被皇后的陰氣沖激，希望能夠改期，但畢竟人微言輕，婚禮還是在這一天舉行了。

但朱太妃的態度顯然影響了皇帝。大婚四年之後，他藉口宮中有詛術造成不安，將孟皇后廢掉，改立劉皇后，以此來表現支持生母。

孟皇后被廢一事，在後來南宋成立的過程中變得極為關鍵。靖康二年，金人將徽宗、欽宗擄走，連帶還有眾多嬪妃和王室成員，被視為「靖康之恥」。原來的孟皇后因為被廢，不具備宗室身分，就留了下來。金人立了一個傀儡朝廷，由張邦昌主政，張邦昌特地去找原來的孟皇后出來，給她一個「宋太后」的頭銜，作為這個「楚朝」和之前宋朝的連結，緩和臣民的敵意。

後來康王趙構渡河到了南方，即位成為宋高宗（一一二七年—一一六二年在位），也就是南宋的第一任皇帝。他當然不是徽宗、也不是欽宗冊立的，而是取得孟太后的支持，給予他接續宋朝的合法性。

04 徽宗：誤生在帝王家的文人

哲宗之後是徽宗（一一〇〇年—一一二六年在位）。在歷史上很難找到比他更不適合當皇帝的了，他是在沒有準備的情況下登基的。哲宗去世時只有二十五歲，沒有子嗣，只好到神宗的兒子、也就是哲宗的兄弟裡去找新的皇帝。徽宗在兄弟間排行第十一，又不是嫡出，他自己怎麼可能料到有一天會當皇帝？

向太后自己無子，哲宗死後，宰相章惇對於選擇新皇帝提了簡王（神宗第十三子，哲宗同母弟）和申王（神宗第九子，當時年紀最長）兩個人選，但都被向太后拒絕了。而章惇最反對的就是當時的端王趙佶，偏偏向太后就選定了端王。章惇反對端王最主要的理由就是他「為人輕佻」，不能當人君。章惇和向太后各持己見，一度僵持不下，後來是另一位大臣曾布介入，支持向太后，端王才得以登基，成為後來的徽宗。

徽宗不可能有當皇帝的任何準備，神宗庶子中最年長的已經即位為哲宗，照理接下來一定是往下傳給哲宗的兒子；就算預想到哲宗可能無嗣早死，也還有其他兄弟排在他前面，怎麼也輪不到他。更何況章惇對他的看法不算有錯，趙佶不只不莊重，更是一個誤生在帝王家的文人。

徽宗留下了許多荒唐故事，例如他喜歡逛妓院，是「擷芳樓」的大主顧。不過關於這方面懶惰昏瞶的形象，我們需要小心一點應對。第一項要考慮的因素，是他被後世視為亡國之君，傳統上有一套關於亡國之君的刻板印象，自然會被運用在他身上。

另一項因素，可以看看徽宗在藝術上的成就，包括他獨步中國書法史的「瘦金字」，完全獨出心裁，竟然能寫得既顯瘦骨，筆畫間卻又柔軟如風吹柳枝。那樣一種對比的柔媚，沒有其他人學得會。他還留下了《草書千字文》，也是書法史上頂尖一流的草書作品。還有他的花鳥、山水，乃至他的詩。能有如此成就之人，像是個荒唐縱慾的人嗎？荒唐縱慾，又沒有任何生活壓力的人，會願意投注工夫培養這樣的本事，並耗費時間在創造作品上？

他擁有這些本事，即使當了皇帝之後，仍然花很多時間作畫、寫字、編書畫集，沒有人要求他做，那是他真正的興趣。當然從任何角度看，徽宗都是個失敗的皇帝。不過要給他比較公允的評價，應該看到他明明顯露了強烈且傑出的文人性格與能力，那麼是政治系統出了什麼問題，竟然還是選中他來當皇帝？

章惇看出他不適合當皇帝，向太后卻一定要選他，這裡面有太多權力鬥爭的考量，事實上都和他無關，而且顯然也從未將他的意願與準備考慮在內。用這種方式選皇帝、立皇帝，也難怪會有好幾個既不適合當皇帝、也沒有意願當皇帝的皇帝。

從北宋到南宋，皇帝缺乏基本的政治判斷能力，就使得朝廷付出極高的代價。雖然遼和西夏是北宋最主要的敵人，但接連的皇帝都無法準確地了解他們。例如神宗的既定觀念是，如果宋朝強大了，應該先聯絡吐蕃包圍西夏，然後再處理遼。這很明顯是個誤判，這時候遼和西夏的國力都在下降中，對宋朝並沒有直接的威脅，而遼自身遇到的問題又比西夏嚴重。

神宗卻在自身尚未準備好的情況下，高估了吐蕃協助的力量，躁進攻擊其實對宋朝沒有領土野心的西夏，結果一敗塗地，讓遼有趁隙進逼的機會。

05「聯金攻遼」，皇帝無法判斷國家局勢

徽宗出於繪畫的興趣，有一段時間著迷於奇石。做皇帝的沒辦法到處旅遊去看奇石，卻有權力和資源讓人家將奇石運來給他欣賞。這就是所謂的「花石綱」（十艘船為一綱），即徵集民間的各種船隻運輸工具，專門運送奇岩怪石。其中最有名的一塊石頭，皇帝還特別給它「盤固侯」的封號，以示重視。「盤固侯」之所以得名，因為它很大很重，高四、五十尺，周圍百人環抱，得全靠水運搬到汴京來。皇帝難道沒有想過這是多麼勞民傷財、引發民怨的舉措嗎？

要由這樣的皇帝來判斷國家局勢，能不危險嗎？政和元年（一一一一年），徽宗派遣童貫出使遼國，到了遼國陪都燕京（遼南京），童貫的第一印象是完全不覺得自己到了外國。也就是說，遼國已經高度漢化，尤其是遼國的核心地區及其統治階層。

童貫還從燕京帶回一個人，提供了第一手情報。這個人本名叫馬植，但為了強調他是漢人，童貫將他改名為李良嗣，表示他有純正的漢人血統。到了汴京之後，徽宗又賜姓趙，於是再改名為趙良嗣。

趙良嗣帶來的有效訊息，是草原民族勢力的新變化。遼漢化的同時，女真人崛起，遼不只兵

力變弱、朝政不修，而且陷入腹背受敵的狀態。得到這樣的消息，徽宗記起了祖宗家法裡反覆強調的任務——收復燕雲十六州，於是就定下和女真人聯絡、夾擊遼國的策略。

但這「聯金攻遼」的策略太過想當然耳，缺乏兩項關鍵的調查分析，快速就做出了判斷與決定。第一，那金人的實力如何，能對遼產生多大的威脅？連帶地，能對宋產生多大的威脅？這也就聯繫到第二個問題：金人對宋朝又有多少了解，可能會採取什麼態度？

為什麼念茲在茲一定要收復燕雲十六州？又為什麼遲遲收復不了？關鍵在於北方草原民族的高度機動性，以馬為戰鬥的主力，由北向南進攻時有著很大的優勢。相對地，由南向北移動時，受限於地形，必須依賴人力，那就速度慢、負載輕。約同金人一起行動，金是由北而南，宋是由南而北，行動效率顯然有很大的差異。

宋朝君臣卻見不及此、見獵心喜，一廂情願地和金人密談，於宣和二年（一一二〇年）議定密約，約好同時出兵。同時出兵的安排就已經對由南往北進攻的宋朝不利，行動速度注定要比由北往南的金兵來得慢；更糟的是，到了約定時間，宋軍甚至都還沒準備好，出兵時間晚了。金人進展極快，已經攻下遼五京中的三京（東京遼陽府、上京臨潢府、中京大定府），宋軍於宣和四年四月才真正出動，而且一遭遇遼軍就打了兩場敗仗。

北方金人則一路順利，打到西京大同府，遼最後一任皇帝天祚帝出亡，同年底攻下南京析津府（燕京）。這時候宋朝厚著臉皮去跟金人要求，希望依照協議收回燕雲地區。金給了燕京及旁邊的六個州，不過向宋朝多要了一百萬貫的「代稅錢」，意思是補償他們這塊地方的稅收損失。

宋朝上下一片歡慶氣氛，雖然沒有真的收回石敬瑭給出去的燕雲十六州，但反正遼氣數已盡，就趕緊立「復燕雲碑」。然而「復燕雲碑」立好沒兩年，金人在應州俘虜了出亡的天祚帝，遼宣告滅亡。確定原本遼國地區沒有任何問題了，金人就驅馳大軍南下，宋軍根本抵擋不住。

金兵迫近，徽宗做的最重要決定是不幹皇帝了，將皇位禪讓給兒子欽宗。欽宗也不想當皇帝，急得痛哭掙扎，「太子與力爭，幾至氣絕」（《續資治通鑑長編拾補．卷五十一》），竟然氣塞昏厥過去，不得已才勉強登基。

06 武勇作戰在皇帝心中不成選項

欽宗也是在沒有準備的情況下當上皇帝的。自己的父親還在皇位上，到這時候已經二十多年了，而且看來才創造了可以建「復燕雲碑」來慶祝的大功績，他怎麼預想得到這麼快就輪到自己當皇帝呢？

局勢變化太快了，欽宗被打鴨子上架登基（一一二六年—一一二七年在位），外面是金人的軍隊步步進逼，就連到底該戰該和，要打還是要談判，他都拿不定主意，只能不斷地搖擺改變。搖擺改變當然不可能掌握時機，於是就出現了條件不好時卻要打，或好不容易打勝仗了卻決定要議和的情況。軍民士氣更低，防禦就更難了。

時戰時和有太多變數，金人為了掌控局面，就要求談和必須以人質做保證。康王趙構就曾經被送去當人質，朝廷卻不顧他的死活又改變立場，轉而再戰。幸好如此反覆的態度竟讓金人起疑，覺得趙構應該不是真正的親王，不然宋方為什麼會說戰就戰？金人沒有殺他，而是將他送回去，換了肅王，要不然恐怕就沒有後來的宋高宗了。

欽宗在反覆中保存了一個主軸，就是盡量議和。議和時金人故意獅子大開口，要求一千萬兩金和一千萬匹布，這原本是一看就知道不可能的數字，宋朝這邊卻還答應去想想辦法，然後在汴京城內搜刮，結果也才搜出了十六萬兩金、一百萬匹衣緞。十六萬兩和一千萬兩差太多了吧！

一邊反覆地戰戰和和，一邊心裡想要的是盡量議和，於是時間愈拖，就愈是戰不了、打不贏，也就更迫切非議和不可。肅王去當了人質還不夠，金人又依循獅子大開口的慣例，無限上綱到要求皇帝來當人質。這就像下棋時拿下了別人的將或帥，主子都沒了，還如何下得下去？也就是絕對不可能考慮、遑論答應的莫名其妙條件。

然而在皇帝意識相對薄弱的情況下，宋朝廷竟然連這種條件都沒有斷然拒絕，甚至還認真地自我安慰，皇帝去當人質，還有太上皇在。後來金人索性就將老小兩位皇帝一起擄走了。

在中國的皇朝歷史上，很難想像還有別的朝代會容許發生這種事。這確實是奇恥大辱，而這樣的恥辱源自於「重文輕武」，到這時候，武勇作戰在皇帝心中幾乎不成選項了。或者說，戰爭不再是為了求勝，只是為了換取好一點議和條件的手段罷了，所以才能這樣說打就打、說不打就不打。

先是長期屈服於遼人的武力威脅下，接著與西夏戰爭互有輸贏，再來和金人聯合出兵竟然還敗給遼，鮮活明確的經驗給了宋朝皇帝強烈的印象：仗是不能打的，總得找出可以不打仗的方式。如果只有將皇帝賣掉才能不打仗，那也只好將皇帝賣掉吧！

07 從「靖康之恥」到「泥馬渡河」

「靖康之恥」也表現在汴京基本上是不戰而降的。金人兵臨城下，然後開始提議和條件，宋人盡量答應而且努力做到。不只沒有要死守的決心，而且對於金人所提的條件也好像沒有答應的底線。這很有一種兒戲的性質，像跟小孩玩象棋，你要吃他的將，他無所謂說：「你要吃就吃，反正我這邊還有很多棋子。」認定只要講和了，往後總還有別的機會、別的辦法。

於是到了靖康二年四月初，原本的宋朝皇室乘坐幾百輛牛車上路了，浩浩蕩蕩在金兵的監視下走了幾天，四月十日渡過宋與金的界河，眾人大哭。一直到七月二十日，徽宗、欽宗才抵達燕京相見。過程中如果不是坐在牛車上而是騎馬的話，那麼就算是皇帝，也要用繩索綁在馬匹上，真是受盡了屈辱。二帝後來再被帶往中京、上京，最後囚禁在五國城（今黑龍江依蘭）。

皇帝被擄走了，但宋朝並沒有亡國。金人願意取得人質後離開，因為他們知道宋朝還有軍隊，並沒有打算要久留與宋人死戰，而是選擇先回去收拾、處理新占領的地區。於是先立了由張邦昌領導的傀儡政府，但僅一個月，張邦昌就放棄了有名無實的「楚」朝；後來金人又命降臣劉豫建立「齊」朝，協助治理漢人，存在了六年多。

不只是「敗」，而且是「恥」，那當然應該尋求雪恥。可是這時候在宋南京應天府（今河南商丘）即位的新皇帝高宗（一一二七年—一一六二年在位），又是一個沒有準備、也沒有積極意願要當皇帝的人。他在動盪中因禍得福，被金人看作是假皇族而釋回，得以逃躲到河北，所以不在一同綁赴金國的行列裡，皇族主要只剩下孟皇后和他。他不得不代表宋朝，這個王朝突然落在他身上，他能做、他該做的，就是盡量保存自己，保存自己也就等於保存了趙姓王朝。

最具象徵意義的是趙構「泥馬渡河」的故事，而且這「泥馬渡河」的傳奇竟然不只一次，而是兩次。一次是趙構作為人質脫逃，被金兵追趕時，得神馬助他渡河；還有一次是徽、欽二帝遭擄後，被金兵追殺的他驚險渡過長江。這反映了在一般人的印象和記憶中，高宗逃得多麼艱險、多麼辛苦。從北方逃到南方，從建康逃到揚州，又一度輾轉逃到溫州，還曾經避於海上。靠著韓世忠在「黃天蕩之役」陷困住金兵，加上岳飛的追擊，才總算讓長江以南沒有敵蹤。

金人崛起極為快速，仍然保持著草原民族的特性。挾著高度機動力與戰鬥力南下，但到了馬匹難以派上用場的南方，他們的優勢就消失了。韓世忠在「黃天蕩之役」號稱「八千人困住十萬人」的勝仗，其實相當程度上是靠著地形之便，利用沼澤與河流，介於陸戰與水戰間的打法，才擊敗了仍然抱持草原戰鬥態度的金兵。經此一敗，金兵也明白了地理上的不利狀況，短時間內不再輕易舉兵南下。

在此之後，從高宗到孝宗，宋、金的南北對峙其實是有著高度默契的態勢。雙方擁有通暢的溝通管道，經常就和平條件討價還價，或是來催討欠款欠物，更重要的是雙方都明白，以淮水為界的地理形勢短時間內很難改變。

08 岳飛的軍事目標從未得到皇帝認可？

岳飛的悲劇就是在這個背景下產生的。他是個武人，他真的想要雪恥和反攻，而且他夠聰明，知道雪恥和反攻需要怎樣的權力。因而在皇帝和朝廷文人的眼中，他是個跋扈且難以節制的部將，正符合祖宗家法中特別要防範的那種武人。他不受節制的方式不是割據地方，而是不顧現實地持續將有限的資源投入北伐上。

岳飛抗金十餘年，他的故事中最令後世憤慨的，就是宰相秦檜給予他的罪名。韓世忠問秦檜，岳飛是因為什麼罪名被下獄？秦檜的回答是：「其事體莫須有。」（《宋史．岳飛傳》）那其實是當時的口語，意思是：「這不需要我明說吧，你應該心知肚明。」這和後世解釋為秦檜囂張跋扈，表示皇帝要殺他或我要殺他都不需要理由，是有相當差距的。

這樣的解釋，使得很多人以為岳飛被殺是沒有罪名的。事實上有，而且更早之前他就先得罪了皇帝。岳飛曾經公然宣布要帶十萬大軍北伐，皇帝為此拒絕將原本答應撥他指揮的淮西軍交給他，岳飛便憤而上了廬山以示抗議。皇帝不得不好言慰勸，岳飛才回朝請罪。

最關鍵的衝突出在高宗皇帝從來不想北伐，這既牽涉到對於現實勢力的評估，也牽涉到和徽宗、欽宗尷尬的關係。但正因為徽宗、欽宗在金人手中，高宗皇帝絕對說不出口他反對北伐。岳飛聚集了大軍，自己宣布要北伐，觸動了宋朝最敏感的歷史神經，這豈不就是將自己看作「節度使」，全權節度軍事事務嗎？

宋朝的制度絕對不能容許再出現一個節度使；高宗的立場也絕對不能容許一個任意發動北伐、致使產生不可控制的政治軍事變數的武將。

岳飛的另一條嚴重罪名是他曾經面見皇帝，要求皇帝「早立太子」。在此之前，不是沒有大臣給過皇帝類似的建議，然而不同的是，那些人都是自命「與皇帝共治天下」的文人，而武人就算如狄青當到樞密使，都從來不曾取得可以干預皇宮事務的權利。

更麻煩的是，岳飛是在高宗沒有再生出兒子的情況下做出這樣的建議。當時的高宗已經為了不育而感受到極大的壓力，岳飛還要他「早立太子」，豈不意味著要他選一個不是他的骨肉子嗣來預先繼承皇位？這是什麼樣的居心！

岳飛的悲劇來自他從來沒有得到皇帝和文臣的信任，他們不曾認可他的軍事目標。要達成那樣的軍事目標，他必須控有地方上的壟斷性權力，的的確確就像唐朝的節度使所具備的。但在宋朝，不可能再允許出現這種節度使，岳飛的做法只會讓皇帝和文臣更加不信任他。

紹興十二年岳飛被殺後，南宋抗金的努力也大致結束了。金朝因為發展得太快，也需要時間來處理北方政務，於是形成了明確的南北分立局面。南宋這段歷史的重點，因而不在外患，而在對於南方進一步的開發。定都臨安後，南宋經濟、社會的布局與結構都發生了重大變化，尤其是城市的地位與作用，帶動南方的轉化，出現了從元朝聯繫到明朝的城市網絡中特殊的南方經濟，也就是在中國唯物史觀中所稱的「中國資本主義萌芽期」。

第四講

宋代的城市生活

01 兩稅法和熙寧變法：貨幣經濟的兩波力量

北魏設計的均田法，其核心是授田，加上租庸調法，提供了唐朝得以快速穩定的制度性基礎。這套制度將人民對國家的租稅義務，和國家提供給人民的生產條件，有效地配合起來。國家先給予生產來源，然後人民再以生產所得奉獻國家。

同時，國家稅賦是以自然生產的原始形式來徵收的。田地上生產的麥、黍、稷等作物，依照丁口繳納實物，是「租」；農家自身種麻養蠶、進行紡織的布將部分交出來，是「調」；另外，貢獻一定時間的勞動力給國家，或用布絹折抵，是「庸」。中間很少經過貨幣的中介。

這原本是傾向自然經濟的一種制度，將人民引導回農村，盡量在農業基礎上自給自足，定著於土地上，國家得以恢復「編戶齊民」，爭奪原本隱匿在世家大戶莊園裡的人民。但安史之亂帶來的連年動盪，到了唐德宗朝，因為戰亂等因素使得均田被破壞，不得不改立「兩稅法」，每年分夏、秋兩季徵稅。

不過兩稅法真正的改變重點不在徵稅的時間，而在將原本的租庸調改為以錢計算。從租庸調法到兩稅法，首先是貨幣角色不一樣了。舊架構中雖然有貨幣流通，但從國家的角度看，從一般農民的角度看，貨幣都沒有那麼必要。實行兩稅法之後，國家稅收非得要有貨幣不可，因為稅額是用錢整合計算的。

唐朝最早是將這種改革當作不得已的因應措施，內在希望整合「編戶齊民」，希望農民仍然留在固定的土地上，希望農村保持自給自足經濟狀態的那種想法，並沒有因為兩稅法的施行而動搖。等到五代戰亂結束後，宋朝建立，原本仍致力於恢復「編戶齊民」，並且部分恢復實物徵收，也恢復了實體的力役之徵。除了環境絕對不許可恢復均田制外，其他部分都朝向「復舊」來處理人民對國家的義務關係。

然而這種狀況到了神宗朝，開始有了大轉變。前面看過舊黨對「熙寧變法」和王安石最普遍的批評之一，就是政策中都是錢，都在想錢、都在說錢。王安石變法的核心就在於說服神宗同意並相信，國家最大的問題出在財政上。不論對外或對內，軍事或民事，朝廷想要有任何作為，都非得先有錢不可。

王安石拿出來的一套措施，其內在精神和兩稅法是一致的。也就是以貨幣來整合國家財政，不管是收入或支出，不管是穀物、織品或力役，都統整在貨幣下來計算、來管理。這是新設立的「制置三司條例司」的主要任務。

王安石認為國家財政陷入困境的根本原因，就在於無從統計，算不出收入和支出的對應關係。豐年時國家收得了許多穀物，但這些穀物就是穀物，無法換成馬，也無法換成軍隊。人口成長時，力役隨之增加，但有那麼多人服役能幹嘛？

為了讓國家財政可以管理，可以在支出上有效率，基本上就必須將收入化為錢來計算。所以有「免役錢」、「助役錢」等措施，但看在舊黨眼中，這是變相加重人民的負擔。人民本來可以利用農閒時服力役，現在卻必須多繳錢請人去服役，這當然是多出來的錢。王安石解釋，這些措施主要是針對城市居民，等於是讓他們出錢，創造公家提供的勞動雇傭。但真正執行時，就會出現很多願意自己服力役的人都被強迫要繳錢。

又如「方田均稅法」，就是將土地進行丈量，規定一塊土地依照其等級和面積來徵稅，同樣等級、同樣面積的土地，不管種了什麼，也不管收成如何，就應該繳一樣的稅。這背後的思考，也是要擺脫自然經濟、實物徵收所產生的種種問題。但在執行上，就必然要跳過實物，改以錢來計算。

也就是說，「兩稅法」和「熙寧變法」是兩波強大的力量，將中國經濟從中古的自然經濟，推向近世的貨幣經濟。貨幣的地位與貨幣的重要性，在這過程中不斷上升。

02 從紙鈔到白銀，近世社會的貨幣特色

過去在自然經濟系統下，貨幣用途不廣；然而在國家稅收的需求推動下，貨幣就大幅增長。經由貨幣仲介後，交易變得更方便，也就刺激了更多的交易。中古時期，貨幣不足的情況下，絲、絹、帛等物都曾經扮演過貨幣的角色。等到國家由上而下創造了需求，就不可能再用這種方式來應付了。

北宋中期以後，朝廷最重要的關注項目之一，就是大量開採銅礦，並同時嚴格控管銅礦，正是為了要鑄造銅錢。到了北宋後期，平均每年所生產的銅錢，是中國歷史上數量最多的。銅錢不斷生產，國家的稅收改成以錢計算才能運作。然而銅錢產量多到一定程度，也就出現一項弔詭；道理上有足夠的錢才能讓國家有效徵稅、增加收入，那為什麼不乾脆在國家財用不夠時直接多鑄錢呢？

多鑄錢，不管是什麼理由，就擴大了貨幣發行量，也擴大了貨幣運用的範圍。再者，通貨的形式也統一了，過去的絲、絹、帛等，都沒有人再拿來當作通貨使用。於是又產生對於銅錢更大的需求。

因而我們看到宋朝的特殊現象是：國家努力開礦、鑄錢，以空前速度增加銅錢的數量，銅錢卻還是一直供不應求。那是因為整個經濟體系愈來愈依賴銅錢，創造出更多的銅錢交易，於是銅錢的價值不斷上升，也帶來了新的困擾。

例如在四川，因為銅錢不足，就出現了當地的特色「鐵錢」。鑄鐵錢比鑄銅錢容易，但品質很難控管，而且流通只限於特定地區。最麻煩的是，鐵錢的品質沒有保障，有很多劣幣，那要如何訂定和銅錢之間的交易價格呢？

於是在困擾中而有了歷史上的飛躍式突破，那就是因應銅錢不足、鐵錢又笨重不好用，特別在四川發行了代券「交子」。民眾將鐵錢存放在「交子鋪」中，換取等值票據，就可以用這張憑證來彼此交易。這也就是紙鈔的起源。

中國之所以最早運用紙鈔，兩項條件缺一不可。第一是國內產生了一個活絡運作的貨幣系統，對於貨幣有高度的需求；第二是有統一的貨幣，卻在特定的區域裡貨幣嚴重不足。藉由紙鈔來彌補貨幣不足的情況，也就意味著進一步增加貨幣發行量。

紙鈔補充了供應不足的銅錢，使得整個經濟系統可以持續朝貨幣化進展。不過當時並沒有成熟的貨幣經濟學理論可以指導國家貨幣發行的方式，如果紙鈔發行稍沒有節制，就會出現惡性通貨膨脹的問題。事實上為了軍費需求，朝廷數次大量印製紙鈔，就造成百物飛漲、難以控制的麻煩狀況。

幸好整體來說，在中國近世經濟史中，紙鈔始終都只是扮演補充性的角色。因為在江南，除了國家統一鑄造的銅錢之外，很快又出現另一種通貨，那就是「白銀」。

白銀有著和銅不太一樣的特性。銅的價值來自於鑄造銅器的實用性，因而會有銅錢和銅器爭奪原料的情況；銀基本上沒有太多實用性，卻因為其色澤的美學價值，以及它沉重的分量和不會毀壞、不會變質的穩定性，因而為人們喜愛保藏。

白銀為什麼最早先在江南地區作為貨幣流通？那是因為其運用範圍更廣，是東亞海運環境中不同社會、不同文明的人們共同認可的交易中介。在跨文化、跨社會的交易中，能夠有共識被接受的貴重金屬，大致只有金和銀。而金比銀要來得更稀有、價值更高，但在數量上不方便運用於交易。

白銀因為有東亞海運貿易保障其價值，逐漸就在江南地區形成了「二元貨幣」或「雙層貨幣」制度。上層價值較高的是白銀，下層是銅錢。便宜貨物的交易用的是銅錢，比較昂貴或數量比較大的，就使用白銀。白銀的出現與運用，使得近世經濟不致於因為銅礦枯竭而萎縮，可以維持一定程度的貨幣供給成長，讓經濟更活絡，也讓更多地方、更多貨物都進入貨幣交易的範圍。換另一種角度看，貨幣也滲透入愈來愈大的區域、愈來愈多的生產消費活動中。

03 南宋以每年的「宋援」支撐住了金朝

漢末大亂促成了對於南方的積極開發。先是東吳，然後有東晉和南朝，以建康為中心，進一步擴大對長江下游的開發。在這過程中，南北差異愈來愈嚴重。北方本來就雨量不足，加上過度墾殖帶來的土壤枯竭與流失問題，再加上反覆戰亂，北方的農業生產不進反退。南方雨量充足，這時候水土保持比北方好，地形又使得北方騎兵無用武之地，相對戰亂破壞也少得多。隨著北方人民移入南方，又提供愈來愈多的勞動力，創造出南方的農業榮景。

南方的生產力愈來愈高，財富累積愈來愈快，然而自唐朝以來，政治和軍事的中心又一直在北方。經濟中心在南方，政治、軍事中心卻在北方，要維持這種二元中心架構，就必須有效地將南方的生產結果往北方輸送。北方握有政治決策權，卻無法自給自足，在經濟上依賴南方，於是就使得南北之間的交通與貿易需求愈來愈大。北方的政治決策者一定要保證南北之間的運輸暢通無阻，那是他們的命脈所繫。

東吳開發長江下游，同時間的蜀漢開發四川。到了六朝，開發的區域再從長江下游往上溯，對湖南、湖北地區進行農業重整，也就等於將整條長江流域的生產範圍都統合起來，發揮了更高的南方經濟綜效。到了宋朝，進一步得到開發的是廣東和福建，尤其是福建地區，先有福州，再有泉州，先後成為海運的主要港口。我們也就能明瞭，這時候開發的主要動力來自海運。

當時的海運是沿岸航行，往南到中南半島，最遠大概到麻六甲，往北則以高麗為貿易的主要中心。這方面交通運輸的開發與進步，部分彌補了因為被西夏阻絕而不再能有效運用的西向絲路管道，卻也使得南方更形繁榮，和北方狀況愈拉愈遠。

隋文帝開始了第一波南北運輸的主要建設，然後從唐朝一直貫串到宋朝，朝廷施政的一項重點都是要確保南北運輸不會中斷。「發運使」或「轉運使」，原本只是官僚體系中的一個小角色，負責某一段運輸的管理之責，可是到了宋朝，卻變成很重要的官職。[5]相應地，設有「發運使」、「轉運使」的地方，既然是運輸上的交通要點，往往也就發展成熱鬧繁華的經濟城鎮。

這種南北分工的情況，並沒有因為宋朝丟失了北方，定都於臨安，偏安江南而改變。只是換了一個形式，換成南方固定、持續地向北方進貢。甚至可以這樣說，宋、金的南北對峙，是由更根本的經濟因素決定的。

5　《宋史．職官志七》記載：「都轉運使、轉運使、副使、判官，掌經度一路財賦，而察其登耗有無，以足上供及郡縣之費。歲行所部，檢察儲積，稽考帳籍，凡吏蠹民瘼，悉條以上達，及專舉刺官吏之事。」其職掌逐漸擴大為「路」的最高行政長官。

南宋同意和金人的合約，不斷進貢以保有和平，最關鍵的理由就是他們控有生產的南方，他們負擔得起。那北方的金人呢？宋高宗建炎、紹興年間他們幾度南下，之後退回北方，很長時間都沒有南征的軍事行動。因為他們明瞭在南方打仗不是那麼容易的一件事。

歲貢的形式對南宋來說很羞辱，但歲貢卻遠遠不止形式上的意義。那是維繫南方在生產上支撐北方經濟的做法。軍事上北強南弱，因而南方經濟生產不斷向北方輸送，不然北方的經濟系統是無法自給自足的。

換句話說，南宋其實是以每一年的「宋援」支撐住了金朝。正因為有這層隱性的依賴關係，所以要到蒙古人崛起南下，這種情況才改變。這段時間裡，南宋和金朝都無力改變現狀。南宋缺乏北伐的軍事力量，甚至沒有把握可以阻擋金人南下劫掠，但金人也沒有條件可以南征，去占領長江以南的地區。南宋提供經濟資源，金朝得以維持，包括維持威嚇南宋的兵力；而南宋這邊也不願冒金兵再度南下的風險，改變對金朝的經濟援助。

04 北方人吃到南方米，說明了哪些事？

從經濟的角度看，偏安南方，比起南北混和，其實還更繁榮、更富庶。這時出現了更普遍的商品經濟，也就是為了自己使用而生產的比例一直降低，愈來愈多東西的生產是為了拿到市場去銷售的，因為預期可以交換到貨幣而生產的。

按照傳統農業生產的分布，有了「北人食麵，南人食米」的習慣，但到了北宋之後，北方人吃米飯的情況明顯地愈來愈普遍。不只是有錢、有地位的人吃米，就連社會底層的人都吃米，也因此出現了對他們所吃的米的特別稱呼，叫做「貢租米」。顧名思義，這是以繳交給政府或地主的形式從南方運到北方的米，品質是比較差的。

北方連下層人民都吃米，而稻米是南方生產的，這清楚顯示了南方稻米生產已經高度商品化。有特別為了運到北方而種植的「早稻」，也就是生長時間比較短、品質比較差的米。這種米在南方沒有銷路，卻因為生產成本較低而可以「出口」到北方去。

南方種稻也有一定程度的專業化，有不同的生產投資選擇。除了原本種植做自家消費之外，還可以選擇種高品質的「晚稻」，花多點時間，賣高點價錢；或是選擇「早稻」，售價低但成本相對也低。

另外，北方下層人民都能吃米，還需要運輸成本下降的條件配合。因為原本國家的政治中心在北方，南方經濟繁榮後，便會以國家力量將運輸系統，尤其是供貨物流通的水運系統建設好、維持好。

國家將江、河、湖，加上運河系統連通整治好了，民間也可以利用。不計開鑿、疏濬、修築堤防堤岸等成本，那水運成本算是很低了。朝廷原先用官船來進行漕運，但既然無法阻止民船航行這些水道，到「熙寧變法」之後，從費用上考量，朝廷就乾脆停止官船的經營，轉而以代雇民船的方式進行。於是更進一步刺激民間航運的擴張與升級。到達一定規模後，航運的成本還能再下降，也更有效率。

這就形成了循環效果。航運成本下降，從南方運到北方的貨物就愈多；貨物愈多，就刺激發明載重量愈大的平底船，尋找並制訂最安全的航道，減少航運損失風險，於是就讓更多東西可以賣到北方去。長此以往，就將貨幣一步步深入農村，不管是生產者或消費者都需要貨幣。在地域與社會階層分布上，貨幣高度普及，這是近世經濟的重要特徵。

05 從墟市、鬼市到城鎮的交易網絡

連帶產生的變化是城鄉分布與城鄉關係。中古時期，例如唐朝，典型的城鄉關係是一座有牆圍起來的城在中間，這是政治與軍事防衛中心。住在城裡的主要是政府人員、各類工匠，還有商人。每一個工類有自己的街坊，明確分布，而里坊有門，天黑之後要關閉，天亮才打開。做生意的只能在同樣被區劃開來的「市」裡進行買賣。這個中心最重要的是統治和控管。

城外有郭，也就是外城，同樣是防衛功能的。城與郭之間的農地進行蔬菜等小規模農作，郭外就是農村了。

近世之後，隨著貨幣經濟的發達，農村也被貨幣化了，產生交易的需求。於是在廣大的農村地帶開始出現小型的市集。在江南，這種市集稱為「虛」或「墟」。一種說法是三天、或十天一次的市集熱鬧異常，但市集結束後，對比之下就覺得那個地方格外空虛，因而得名。[6]

6 如南宋陸游〈撫州上元〉詩中有云：「人如虛市散，燈似曉星疏。」

還有另一種名稱叫做「鬼市」或「黑市」。聽起來很可怕，主要是南方天氣熱，有很長的季節在日照下不適合戶外活動，尤其是要走相當一段距離來趕集。所以就選擇天氣比較涼的清晨，大約在黎明前一兩個小時（即五更）開始，等天色大亮、氣溫升高時就散了。那種時刻，四周還黑烏烏的，看過去都是模糊的人影幢幢，所以稱「黑市」或「鬼市」。

「墟市」或「鬼市」這種名稱，反映了鄉間市集剛出現時給人們留下的印象。突然一堆人聚集在那裡，熱鬧非凡，之後一下子又消失無蹤，如夢似幻，很難相信是真實的，帶有強烈的超現實之感。

這種市集不會是固定的。還有一種「亥市」的說法，這是簡稱，全名應該叫做「寅巳申亥市」。當時算日子是用天干地支，地支一共十二個，第三、第六、第九、第十二挑出來就是「寅巳申亥」。所以「亥市」指的是每逢「寅巳申亥」日就出現的市集，也就是三日一市。

「亥市」在嶺南又得到了新的名稱，把「亥」字加上「疒」，變成「痎」。這是從熱帶瘧疾經驗而來的比擬。瘧疾患者的症狀又稱「打擺子」，時冷時熱，一天冷一天熱，而這種「痎市」正就是隔天出現，所以一天冷清、一天熱鬧，剛好和患病時「打擺子」一樣。

農村到處出現這種小型市集，然後日期逐漸固定下來，頻率愈來愈密集。再進一步，圍繞著市集地點就出現了新的居住形式，叫做「鎮」。「鎮」本來是軍事用語，指的是軍隊居停或駐紮的地方，為了滿足軍人生活需要，產生了相關的行業與服務，最主要會有酒肆和女人。

固定且頻繁的市集吸引了來做生意的人，有的要買、有的要賣，距離稍遠就無法當天來回，產生了臨時居停的需要，也有了餐飲上的相關需要。不斷發展之下，很容易就出現類似原先軍事「鎮」的活動現象，於是就套襲這個名字。

市集擴展成為「鎮」，附近買賣的人很容易和好幾個「鎮」都有關係，於是「鎮」與「鎮」之間又形成了新興網絡，一種以商業功能為主、市場與市場連結的網絡。最後，這樣的網絡再和本來就存在的政治中心「城」聯繫上，「城」很自然地成為這個網絡的交通與行政中心，一種新的「城鎮」系統就形成了。

雖然同樣叫做「城」，甚至是同樣的一座城，但其地理意義與社會功能，在中古唐朝和近世宋朝，卻已經截然不同了。

貨幣無所不在，交易無所不在，就連農村都有活絡的市集，很明顯地，「城」中原有的設計逐漸不適用了。中古時代的「里坊制」著眼於對工匠與商人的管制，限定他們的居住，以「暮鼓晨鐘」規定坊門何時開放、何時關閉。這種種做法到了宋代就紛紛取消了，到後來里坊的牆也拆了，本來城中特別區劃出來的「市」也消失了。

「市制崩壞」並不是市場敗壞萎縮，而是整座城變成到處都是「市」、到處都有「市」，不再能將買賣活動限制在小小的區域內。聽起來或許有點怪，但事實是這時候完成了中國「城」的「城市化」——「城」從政治中心轉型為政治商業中心，發揮了「市」的功能。

從前的「城」的榮枯取決於政治。縣治所在一定有「城」，一旦縣府搬遷到別的地方，本來的這座縣城就會快速沒落，甚至成為廢墟。宋代之後情況不一樣了，「城」取得了雙重意義，既是政治的，也是商業的，單只是失去了政治功能，不必然使得一座城退化萎頓，而且「城」的商業地位比政治地位更難動搖，因為那是作為附近的市集中心而運作的，是一整個區域交易網絡的金字塔頂點。

06 無法併土地，就將剩餘財富用到城市裡

城市的另一番變化發生在居民的性質上。過去的「城」是消費性的，近世的「城市」則增加了繁榮的交易活動，更多外地的貨物都要運進城裡。方便的交易又吸引了百工進入城市，直接在城市裡生產並且交易。於是過去政治上或防衛上的決定性隨之大幅下降，相對地，一座城市的榮枯愈來愈取決於其經濟性質。

中古經濟的最大特色表現在莊園制度上，也就是大地主制。當時財富最主要的形式是土地，

擁有多少土地就等於擁有多少財富。然而進入近世，朝廷的政策是嚴格阻絕大莊園，不允許地方上有依靠莊園而生的世族再起。近世中國的農業生產基本上是小農制的。

北方因為生產力下降，一旦莊園制度打破了，根本上缺乏重建的生產條件。但南方就不一樣了。高生產力的情況下，很容易創造出足以累積的剩餘財富，可是朝廷又從政策上阻止出現大地主，於是有錢人就轉而將剩餘財富用到城市裡，如購買房舍、參與城市活動。

宋代與土地兼併有關的規範，是依「實定法」原則來管轄的，也就是並沒有明確數字化的規定，而是以文字、甚至基本精神賦予地方官員認定的空間。不是規定一定不能超過多大面積，不是規定一家頂多能收購多少土地，而是從精神上反對兼併。地方官認為你所取得的兩塊土地間隔太近，有「併」的嫌疑，就可以阻止買賣進行；地方官認定你取得土地的方式不完全正當，有侵奪的嫌疑，也可以禁止你繼續擁有這塊土地。也就是訂定了反兼併的原則，再廣泛授權官員依照現實狀況做出評斷。

另外，由科舉控制所有人才，如此產生的近世官僚系統愈來愈嚴密，什麼樣的官在什麼樣的地方該做什麼事，甚至該遇到誰，彼此該有什麼樣的關係，都有一定的慣例，產生了非法律形式、而是由慣例而來的約束與制衡。這套關係網絡中，嚴格地監視土地兼併行為，有效地阻止官員本身擴大地產，也有效地防範官員和地主聯合，坐任地主擴張土地。

土地當然還是很重要的一種財產形式，不過到了近世，就不再是「斯土斯有財」，土地不是唯一的財產形式，除了土地之外，保有財產、甚至炫耀財產都有了許多其他的形式。而且土地財產的擁有形式也相應多元化，出現了宗族集體擁有制。大面積的土地不是掌握在個別家庭手中，而是由宗族集體擁有、集體支配，於是非但不會像以往那樣土地集中而造成嚴重不公平狀況，反而可以像范仲淹開發「義田」般，發揮宗族內部財富重新分配的效果，緩和貧富差距。

07 商人目標：財布於天下，收天下之功

在《不一樣的中國史》第八冊中提過，近世科舉環境造成「士」、「商」交流的情況，商人地位不斷上升，而商人的主要活動地點就在城市，後來他們的主要居住地點也紛紛換到城市了。南宋徐夢莘《三朝北盟會編．卷一百八十》中說：「富人必居四通五達之都，使其財布於天下，然後以收天下之功。」這個時代的「富人」理所當然的選擇，不是住在莊園裡坐享地主之利，若是有錢還要更有錢，那就必須住到城市裡，藉商業活動增長財富。

從漢代就開始的土地兼併問題，到了巔峰狀況時，出現了大莊園和大佛寺；但相對地，近世

的兼併傾向受到了限制。一部分原因來自意識、觀念的改變。富人沒有要住在山林裡，擁有財富也不再是為了建造龐大的園囿優游其間，有了財富就該「財布於天下，收天下之功」，所以就該住到可以聯繫天下財利的地方，那是城市，不會是莊園。

別小看如此簡單的兩句話，「財布於天下，收天下之功」，在以前這是只有皇帝能說的話，但現在成為商人的目標，因為有了全國性——以「天下」為範圍——的市場存在。這是以前不存在的，透過若干中心就能聯繫上全國性的市場，也就能碰觸到天下之財、天下之利。

能在商業上四通五達的中心，在宋代愈來愈多。最大的、也是所有這些中心的原型，就是帝都汴梁。許多賺了錢的人，在政策限制下無法繼續兼併更多土地，就將財富移到城市來，成為城裡的地主。農村的地主受到龐大的租稅壓力，相對在城裡就輕鬆多了。國家租稅的設計與執行，基本上都是針對農地的，對於城市土地反而沒有那麼嚴密的規劃。城市土地愈來愈值錢，於是在近世經濟中，出現了愈來愈重要的租金因素。

城市裡有客棧、飯館、當鋪，尤其是愈來愈大的倉儲需求，那就必須取得土地、房舍的使用權，而擁有土地、房舍的富人，就對使用者收取租金。北宋中葉以後，朝廷上有許多這方面的討論，試圖找出方法來對付這種新興現象。城市地租的所得該如何徵稅？另外，有沒有「合理地租」？國家需要、應該規範「合理地租」嗎？這些都是討論的主題。

經過討論，逐步形成對於房東收入與行為的管理。例如有一條規定，要求房東整修房子時，必須是動到梁柱程度的大工程，否則不得漲房租。很顯然地，當時一定出現過很多房東以整修房屋理由漲房租所引發的糾紛，必須由朝廷訂定明確的標準供雙方遵守。

08 到汴京相國寺的市集開開眼界吧

市場範圍擴大，拿到市場上買賣的品項也隨之大幅增加。傳統上，市場會有農家產品，如粟、麥、絲、麻、布等。另外，有雞有鴨有鵝有魚有竹有木，有燒火用的柴，有各種水果如梅、杏、青李等，還有鹽及各種醃製的食物，都進入了市場。然而宋代城市的市場買賣，可就不只是這些品項規模了。

北宋汴京城中最有名的中心之一，就是大相國寺。寺廟有名，其外面的市場更有名。近世之後，中國的寺廟往往具備了讓附近人民聚會社交的功能，從而衍生出交易市場的功能。

今天白話中文裡用的「社會」這個詞，其意義對應於英文裡的 society，是源自日本人用這兩個漢字翻譯西方名詞 society 而來的。而日本人之所以選用這兩個字，還是和古代中文的用法有關。古代中文裡的「社」指的是祭拜地祇的所在，那是很古老的信仰習慣。「社祭」十分頻繁，成為小範圍居住區域中的居民最常見面相會的場合，因而「社」字也就取得了人與人互動的連帶意義。從「社」而擴展到佛寺、道觀，宗教作為社群活動的理由，宗教建築作為社群活動的地點，就成為理所當然的普遍現象。

汴京相國寺在每個月的「朔望三八」有大型市集。「朔望三八」指的應該是每月初一、十五，加上三、十三、二十三和八、十八、二十八日，一共有八天。不過孟元老《東京夢華錄》裡的記錄，說是一月五次，也有可能是從這八天中選擇其中五天進行。

相國寺的市集，大山門口賣的是飛禽奇獸，進入山門是個廣場，搭了許多棚子，主要賣日用雜物，包括蓆子、屏風、盥洗用品，也有鞍、轡、弓、劍等。這裡還有人擔著水果或臘肉、脯肉來賣。接著進入佛殿，有「王道人」祕製的餅，還有筆和墨。愈往裡面，文人氣就愈重，而且要有品牌的商品才進得來，這邊是「趙文秀之筆」，那邊是「潘谷之墨」。

到此你就明白了，原本聽到相國寺的市集，我們想像的是在廟口擺攤做生意，事實上卻不是，買賣的主要場域在廟殿裡。廊上有寺院尼姑所製的繡花綾羅、珠翠頭面等一些女紅產品。到了佛殿後面，那就像是小型、原型的清朝北京琉璃廠，有書籍、圖畫、古玩，另外還有一些官職所需的專業用品。那是官場上退了職或升了官的人，將自己原本品級身分的相關配備拿出來賣。所以換個方向看，一個人調職、升官了，也必定要走一趟相國寺的市集，可以在這裡備齊新職務所需的各種行頭。

近世筆記小說中有許多關於官場的詳細描述，一部分就牽涉到如何置備從官服到官舍所需，以及和品級相稱的裝飾物件，那是朝廷政治活動中非常重要的一環。也因此提供相關買賣的相國寺，也就成為升降浮沉的政治人物相遇互動的另一個關鍵場景。

到了靠近後門的地方，在後牆邊一字排開，是替人看相算命的。有手相、面相、各式占卜，有時還有風水師也來擺攤，極其熱鬧。

09 五分之一的人口住在城市裡

汴京相國寺之外，還有紹興府開元寺。紹興是越州特產的集散地，而越州又是當時中國對東亞貿易的新興區域。開元寺最重要的市集是每年正月十四日，即元宵節前的這場。這場市集對當時的南宋人來說，簡直是一生必定要去見識一次的朝聖地。

市集裡擺滿了珍奇物品，有玉帛、珍珠、犀角、名香、珍藥、漆器、藤器、書畫、古董等等，有越州自身的特產，也有從海外運送進來的舶來品。

開元寺這種市集稱為「大市」，意味著不是以周圍住民為買賣的對象，而是吸引了更廣大範圍的人，專程遠道來參加。有越州特產，也有舶來品，在這裡進行大規模、遠距離的交易。

另外一種「大市」，是四川成都專門進行藥材交易的「藥市」。蜀地是藥材主要生產地，各地商人都會選擇適當時候專程到「藥市」集中採購，雖然路途遙遠，卻能省下付給中間商的費用。成都另有一種在清明節前後的「大市」，那是「蠶市」，吸引的是所有的養蠶戶，在這裡可以買到養蠶所需的工具，還能夠交換和養蠶相關的各種最新訊息。

日本學者斯波義信的研究中，曾經選擇幾個不同區域的地方誌，經過仔細比對，發現這幾個縣裡平均大約有五分之一的人口居住在城市裡。這清楚顯現出宋代的高度都市化發展，也更進一步佐證了商業化與貨幣化的程度。沒有這兩方面一定程度的變化，不會有那麼多城市，城市也養活不了那麼多人。

更多人住在城市裡，改變了城市的空間。過去的城市主要空間很小，基本上就是內城圍出來的面積，外城是防衛性功能的，內、外城之間不會有什麼活動。到了近世時期，這樣的城市空間不夠用了，一些地方就開始將外城拆除，內城以外的空間也有人居住，也有商業活動。城市的實質範圍不斷擴大。

於是不在城裡的空間，即圍著城的地區，逐漸也被納入城市的街道規劃中。汴京就曾經在城外設立了八個坊，後來整合為四個。「坊」本來是城內的空間管理單位，現在城外有些地方稱為「坊」，有些地方稱為「鄉」，那都是因為城裡容納不了而滿出來、蔓延到城外的特殊居住與商業空間。

將這些擴大的城市幅員納入計算，那麼宋代江南的城市人口占總人口至少五分之一，應該是不誇張的合理估量。近世之後，新的貨幣交易形成了新的經濟骨幹，創造了新興的城市生活，以及依附於城市才能有的生活形式與態度，和中古時期拉開了愈來愈大的差距。

第五講

古文的自覺運動

01《東京夢華錄》所描繪的汴京繁華

對於宋代城市的狀況，有一份很有價值的史料，那就是孟元老的《東京夢華錄》。書中序言說：

> 僕從先人宦遊南北，崇寧癸未到京師，……正當輦轂之下，太平日久，人物繁阜。垂髫之童，但習鼓舞；班白之老，不識干戈。……

孟元老是兩宋之際的人，因為父親做官，在徽宗崇寧年間跟著到了汴京。這座皇帝所在的都城，很久沒有戰亂經驗了，人和物都極為繁盛。小孩子學習音樂舞蹈，不需要受軍事訓練；年紀大、頭髮白了的人，一輩子都沒拿過武器。

> 時節相次，各有觀賞。燈宵月夕，雪際花時，乞巧登高，教池游苑。舉目則青樓畫閣，繡戶珠簾。雕車競駐於天街，寶馬爭馳於御路，金翠耀目，羅綺飄香。新聲巧笑於柳陌花衢，按

管調弦於茶坊酒肆。……

城市裡的生活有緊密的節奏，接連有不同季節的不同節日，也就有不同的觀賞遊玩重點。元宵看燈，中秋賞月，冬天看雪，春天品花。還有七巧節登高，以及到大池塘、大花園裡遊玩的特殊樂趣。在城市裡抬頭看到的都是漂亮的樓房，有著各種裝飾，窗戶上還掛著綴珠的簾幕。路上走著華麗的車和雄壯的馬匹，更迷人的是可以見到女子們巧妙打扮、穿戴講究的身影，還能在特定的區域裡聽到她們的笑聲和表演，茶坊酒樓不只有茶有酒，更有音樂相伴。

八荒爭湊，萬國咸通。集四海之珍奇，皆歸市易。會寰區之異味，悉在庖廚。花光滿路，何限春遊。簫鼓喧空，幾家夜宴。伎巧則驚人耳目，侈奢則長人精神。

城市四通八達，所以能夠聚攏來自各方的珍奇物品，而且都是可以交易的，有錢就能買到。城市裡的飲食也豐富多變化，有來自各地的不同美味可供選擇。城市環境也擺脫了平常的自然限制，不再必定要春天出遊才能看到花，街上不時花團錦簇可供玩賞。任何一個夜晚，都有很多人家在設宴款客，傳出響亮的簫聲鼓聲。巧技創造的現象使人的感官敏銳，奢華的鋪張使人的精神提振。

02 展現工夫而不是展現思想的考試文章

讀這樣的文字，當然可以讓我們感受、想像汴京的繁華。不過除了文字內容之外，值得注意的還有文字的形式。

孟元老的這段序文，基本上還是用「四六對偶」的形式寫成的，甚至講究其中的音響效果。「雕車競駐於天街，寶馬爭馳於御路」，像這樣的句子，其實是無法改寫為白話文的。「雕車」對「寶馬」，「競駐」對「爭馳」，「天街」對「御路」，都是嚴格對仗。而且為什麼描述雕車，強調的是在街上搶停車位呢？為什麼是「競駐」而不是「競行」？關鍵在於「競駐」兩字都是仄聲，才能在聲音上對到兩個平聲的「爭馳」，也才能在意義上產生一靜一動的對比。

這是一個例子，讓大家明瞭宋代文人的文章中，「四六體」仍然很流行，仍然是寫作的主流。也就是說，經歷了唐朝波瀾壯闊的古文運動，針對六朝的駢麗文風大加批判，也做出了復古章法的重要示範，「四六體」卻並未消失。

為什麼「四六體」還在，到了宋代仍有那麼大的勢力？其中一項原因是科舉考試。考試要評分，就要有評分的標準；要以文章來考試，就必定會鼓勵考生寫有格式、有規律，可以展現工夫而不是展現思想的文章。

我女兒念國中時，作業寫不完的時候我曾經幫她寫過作文，結果在評分的六個等級中得到了第三等，也就是他們班上同學大概百分之八十都寫得比我好。不過我代筆的成績還不算太糟，我有一位詩人朋友，她有一天既驚訝又沮喪地發現，臺灣各級學校的入學考試都明白規定作文不能寫詩！

為什麼不能寫詩？因為現代詩沒有格律、沒有形式規範，在閱讀上會產生的歧異性太高了，老師不會改，便沒辦法評分。一旦要考試，那就不能自由發揮，一定要有「客觀」的規範，規定什麼樣的文章比較難寫，所以可以得到比較高的分數。

有一年高中入學考試（基測）的作文題目是「那一次，我自己做決定」。題目公布之後引來一片叫好稱讚之聲，認為這樣的題目可以鼓勵學生獨立思考。我卻無法不感覺到這中間有一份反諷，這題目就沒有要讓學生自己做決定啊！因為規定了要他們寫「我自己做決定」的作文。

更反諷的是後來出現了爭議，有些學生將這個題目理解為自己來決定作文題目，就選了自己想寫的來寫。這樣的卷子如何評分？最終的決定是把這種卷子視為「文不對題」，認為學生沒有正確理解題目的意思，也就當然不能給高分。

這不就是擺明了，不不不，這次寫作文你可絕對不能自己做決定。作文要你寫的是回想或想像某種情境下，你必須自己做決定，那是什麼情境，你又如何做了什麼決定，這才是正確的作文方式。

後來還公布了閱卷老師認為寫得最好、拿到最高分的範文。那篇文章裡寫的是父母要離婚，問他要跟爸爸還是要跟媽媽，他很掙扎，覺得捨不得爸爸，也捨不得媽媽，最後他想通了，「那一次我自己做決定」，那就是他兩個都要。

好吧，這是好作文，完全符合出題老師的意思，所以可以得到好成績。但這是好文章嗎？或者說，我們應該鼓勵用這種方式寫文章嗎？那是一個破碎家庭的情境，訴說家庭破碎過程的痛苦，但變成了作文，為了符合作文題目，文章中就既沒有對於家庭之所以破碎的認識與了解，也沒有對於自身痛苦的挖掘，因為寫作者必須依從題目的要求，把這項明明不可能由他自己做決定的重大事件，硬是朝「那一次我自己做決定」拉扯。成就了作文，卻失去了真摯。

03 宋初蔚為流行的「西崑體」怎麼來的？

為什麼到了宋代又有捲土重來的第二次古文運動，甚至比唐朝的還更浩大廣泛？一部分的理由就來自對於應付形式、講究規矩，卻必然失去真摯性質的「作文」的不滿與反動。

四六駢文並沒有因為唐代的古文運動而消失，甚至沒有因此喪失其主流文體地位，不只繼續寫在應用文中，也還繼續主宰考試的評分標準，北宋初年更占據了文學創作的中心地位。

這個時期，「西崑體」大為流行。「西崑體」的名稱是由一個團體衍生出來的。當時有一位大才子楊億，據說他寫文章和別人大不相同，人家通常要在書房中安靜構思，他卻喜歡在吵鬧的環境中寫，而且是愈吵鬧愈好。所以每當他要寫文章時就宴客，找來很多人吃飯喝酒，他一面應酬和客人說話，一面準備了小紙條，想到幾句就寫下來，寫成了一段就交給僕人，讓他們在旁邊抄，如此完成他的作品。

這當然是很怪、很值得傳誦的習慣啊！他的才子之名就建立在可以一心多用的能力上，而且愈是多用，跟人家聊得愈熱絡開心，他就寫得愈快愈多。有時候宴會中他神思暴走，舌燦蓮花之餘，傳到僕人那裡的紙條還多到讓僕人都來不及抄。

才名在外受到注意，楊億因此得到代皇帝草擬詔書的差事。據說平日他最怕也最討厭的，就是看到自己擬的文書被別人改動過，他會在別人還給他的稿子上故意將改的字塗黑，塗成一個腳印的樣子，對友人說：「你看，我的稿子被踩了一腳！」

《續資治通鑑長編．卷八十》中就記錄了一件事，楊億在草擬給遼國的詔書上，用了「鄰壤交歡」的詞，卻被真宗皇帝給劃掉，旁邊寫了「朽壤」、「鼠壤」、「糞壤」等字，大概是覺得

「鄰壤」太溫和了。楊億卻不肯屈從，只把「鄰壤」改為「鄰境」，沒等皇帝回應就主動罷官，後來還是真宗好言慰留。

這樣一位自負的才子編過一本書，叫《西崑酬唱集》，也就是以他為中心的一群朋友的集體詩集，而他們自覺地模仿學習的榜樣是唐朝的李商隱。李商隱寫的詩有什麼樣的特色？首先，他的詩多是感慨之詞，少有表達快樂感受的；另外，他的感慨也少有豁達，充滿了鬱結情緒，沒有從自然（如王維）或從超越境界（如李白）或從歷史（如杜甫）上的開闊途徑。

還有，李商隱的詩愛用典故，尤其愛用僻典，也就是那種不是一眼就看得出來歷、不是在每個讀書人都具備的文化教養範圍內的。而他的一種特殊本事，就是能夠在詩中放進僻典，卻讓即使解不出典故來歷的人，都能得到一種情緒上的感染；至於知道典故的人，又能因此讀出更多的隱喻，而得到特殊的成就感。

試看李商隱這首〈錦瑟〉：

錦瑟無端五十弦，一弦一柱思華年。
莊生曉夢迷蝴蝶，望帝春心託杜鵑。
滄海月明珠有淚，藍田日暖玉生煙。
此情可待成追憶？只是當時已惘然。

「五十弦」的五十之數，是單純描述樂器的結構呢，還是另有和「思華年」有關的典故呢？「滄海明珠」、「藍田玉暖」有什麼出處？不見得每個人都能知道，然而閱讀過程中卻仍能感受到文字間濃稠的悵惘遺憾之情。

「西崑體」之所以模仿李商隱，一方面是著眼於「和平之言難工，感慨之詞易好」，另一方面更是藉著用僻典來炫耀學問。他們用這種有一定模式而且適合炫耀的風格來進行「酬唱」。也就是說，這些詩是在群體中寫的，具備往來酬答的社交功能，你寫一首、我回應一首，你用這個韻、我就和你的韻來寫。集體酬答，就讓大家都用類似的風格寫，於是蔚為現象。

「西崑體」太流行了，楊億為首的這群人表現得太囂張了，於是到了仁宗朝，有人看不慣而發出不平批判之聲。這個時間點，正好是北宋自朝代建立、到開始摸索自我政治與文化認同的關鍵時刻。

04 從石介〈怪說〉看文人的新自覺

首先發難的是石介，他寫了一篇標題為「怪說」的文章，明白地對楊億開炮。文章裡說：

昔楊翰林欲以文章為宗於天下，憂天下未盡信己之道，於是盲天下人目，聾天下人耳。使天下人目盲，不見有周公、孔子、孟軻、揚雄、文中子、韓吏部之道；使天下人耳聾，不聞有周公、孔子、孟軻、揚雄、文中子、韓吏部之道。俟周公、孔子、孟軻、揚雄、文中子、韓吏部之道滅，乃發其盲，開其聾，使天下唯見己之道，唯聞己之道，莫知其他。……

石介指責楊億為了要讓人家以為他的文章最了不起，要大家都接受他文章中所說的，所以就刻意隱藏在他之前的大文章家、大道理家的名聲，包括周公、孔子、孟子、揚雄、王通到韓愈，使得這些人所講的道理都消失、被遺忘了，沒有可以比較的，天下之人只聽得到楊億的意見。

這是石介在〈怪說〉中特別指出的怪現象，也就是一種為了抬高自我而刻意掩蓋先人的陰謀。接著他不再稱「楊翰林」而指名道姓地說：

今楊億窮妍極態，綴風月，弄花草，淫巧侈麗，浮華纂組，刓鎪聖人之經，破碎聖人之言，離析聖人之意，蠹傷聖人之道。使天下不為書之典謨、禹貢、洪範，詩之雅、頌，春秋之經，易之爻、十翼，而為楊億之窮妍極態，綴風月，弄花草，淫巧侈麗，浮華纂組，其為怪大矣。

為什麼如此強烈地攻擊楊億？看看這裡列出的主要理由，也就是楊億的文章風格，用當時的形容是「雕章鏤句」，即在字句上窮盡雕琢附麗之能事。石介卻將指控無限上綱，首先認定這樣寫文章，是破壞聖人留下來的經書，亂用聖人的字句與文義，更進一步還講成陰謀論，認為楊億故意讓時人遠離聖人典籍。

楊億何德何能，竟然能操控時人，讓他們不接觸、不閱讀周公以來的這些重要道理？石介的邏輯應該倒過來才比較有道理：因為這個時代大家都不重視聖人之言，不在乎聖人道理，也就不讀這些文章了，所以才使得楊億的這種雕蟲小技竟然能贏得大名，得到這麼多讀者青睞。

石介邏輯不通的地方，正反映了他的憤慨程度，受不了時代的輕佻風氣，受不了聖人道理被視為無物，所以將怒氣發洩在大受歡迎的楊億身上。這不是石介個人的憤慨，而是當時正在興起的文人新自覺集體現象。

楊億的文人身分與行為，帶有高度的唐末五代性質，也就是他們的文人生活與文人氣質中，很大一部分是遊戲、表演的。他們的文章本領絕大部分是用在社交酬答上。文人之所以被看重，以及文人的自我身分認同，相當程度上是將寫文章當作一門特殊的技術，不是一般人能掌握的。

然而到了真宗朝，朝廷「重文輕武」的政策長期扎根、執行後，變化了文人的定義。仁宗慶曆六年，范仲淹寫出「先天下之憂而憂，後天下之樂而樂」（〈岳陽樓記〉），之所以是那麼重要的一句名言，因為那是文人新自覺的明確宣言。

楊億出生於西元九七四年，石介則是一〇〇五年，不過相差三十一年、一個世代，但就在這段時間裡，新的精神昂揚興起了，讓新世代的石介如此無法忍受前一代的文人明星楊億。

范仲淹的「先天下之憂而憂，後天下之樂而樂」不只是一份責任感，內在還有一份自豪，認定士人具備了和君王共治天下的資格，所以要有新的準備、新的承擔。石介為什麼用那麼誇張的語言攻擊楊億，給他安那麼大的罪名？因為他是以新文人的身分期待，要和他心目中嚴重錯誤的舊文人意識劃清界線。

新世代的士人要和君王共治天下，眼前最大的阻礙之一，就是像楊億這種舊文人，從來不懂周公、孔子以降的公共事務道理，只知道沉浸在自己的文字遊戲裡，讓人家以為文人就是那樣。這種人沒有準備承擔天下事，當然應該被淘汰，而且淘汰得愈快愈好、愈徹底愈好。

05 明道、致用、尊散體的復古號召

比石介更早些，有志於復興儒學的人，後來也成為理學的重要開創者，他們已經在檢討「文章」的性質與作用。例如柳開，他在〈上王學士第三書〉中說：

> 文章為道之筌也，筌可妄作乎？筌之不良，獲斯失矣。女惡容之厚於德，不惡德之厚於容也。文惡辭之華於理，不惡理之華於辭也。

文章是工具，為了要承載道理，就像「筌」這種工具是為了要捕魚。柳開用了莊子「得魚忘筌」的典故，卻給予完全不同方向的衍生。莊子強調的是，語言為工具，意義才是目的，所以能夠得到意義，就不要拘泥執著在語言上。柳開卻說為了要捕魚，難道能不重視「筌」的品質嗎？要能達成所追求的目的，就不得不講究手段。

如果「筌」沒編好，不好用或者有洞，那不就抓不到魚、沒有收穫了？所以還是有好壞上下的標準，就像一個女人應該討厭自己內在的德行比不上、撐不起外表的美貌，而不會討厭內在德

行的深厚、美好超過外表的長相。那麼文章也是，詞藻比內容還華麗會令人厭惡，倒過來內容豐富超過文詞就不會。

另外，穆修在〈答喬適書〉中說：

夫學乎古者，所以為道；學乎今者，所以為名。道者，仁義之謂也；名者，爵祿之謂也。然則行道者，有以兼乎名。守名者，無以兼乎道。

石介批評楊億的論點中，很重要的一項是「不學古」，即對於周公、孔子等人的知識非但不承傳，還要予以掩蔽，來彰顯自己的文章與道理。穆修則解釋了「學古」和「學今」的根本差異在目的，是要追求真理，還是要追求名聲；是要體會仁義，還是要貪圖爵祿。然而這些求名、求爵祿的人沒有搞懂，求道不見得就得不到名聲，可是求名卻一定不能得道。那為什麼那麼傻，放棄可以兩者兼得的正確方向呢？

很明顯地，「古」在這裡被抬出來，不只和「今」對照，而且代表根本、正確的態度與方向，那麼人應該做的也就很明白了，就是拋棄「今」的錯誤，以「復古」來修正。而且是從還原文章的「古」做起，文章不應該是社交、利祿的工具，文章有其崇高的地位與尊嚴，那是來自文章可以捕捉真理、承載真理的功能。

柳開另有一篇文章，標題為「應責」，也就是回應別人對他的指責：

子責我以好古文，子之言，何謂為古文？古文者，非在辭澀言苦，使人難讀誦之；在於古其理，高其意，隨言短長，應變作制，同古人之行事，是謂古文也。子不能味吾書，取吾意；今而視之，今而誦之，不以古道觀吾心，不以古道觀吾志，吾文無過矣。吾若從世之文也，安可垂教於民哉？亦自愧於心矣！欲行古人之道，反類今人之文，譬乎游於海者乘之以驥，可乎哉？苟不可，則吾從於古文。

柳開回應的就是有人指責他提倡古文。他先解釋到底什麼是「古文」？並不是看起來很艱澀難讀的才叫「古文」，「古文」重要的是其內在精神，道理是舊的，意念是高尚的，效法這種道理、意念，將這種道理、意念用各種方式表達出來，才是「古文」。

他接著跟對方說：你不了解這種道理、意念，用當下現實的價值觀來看我的文章，以至於無法看懂我的意思，這怎麼會是我的問題、我的錯呢？我寫文章的用意是「垂教於民」，要將這些美好、重要的真理傳遞給其他人，如果我也寫今天流行的那種文章，只有華辭美句，卻沒有從古流傳下來的普遍真理，要如何達成我的目的？寫那種文章又怎麼對得起自己！

要表達、實踐古人的道理，卻去模仿今人的文章，就好像要出海卻選擇騎馬，可以嗎？如果出海不能騎馬，那我當然也沒辦法寫今人的文章，我當然繼續堅持提倡古文、寫古文。

以當時流行的標準看，古文是「辭澀言苦」，意思是沒有漂亮的聲音，沒有流暢的對偶，而且講的都是些大道理，讀起來沒有趣味。柳開強調，不是故意要將文章寫成這樣，文章是工具，是為了有效傳達道理與信念的，所以選擇了這樣的風格，當下現實那種講究聲音和對偶的文章，無法傳達嚴肅的道理與信念，所以必須寫古文。

從柳開、穆修、孫復到石介，他們在宋朝初年再度提出「古文」的號召。「古文」是「明道」的手段，文章不是拿來描寫風花雪月，也不是為了抒發個人感受，而是為了弘揚道理。而且所說的道理要能「致用」，不是空論。「古文」基本上是「散體」，提倡「古文」也就同時「尊散體」，也就是不用四六駢體，對於詩也沒有那麼看重。

「古文」牽涉到古人，但不是所有的古人都值得推崇。得到共識被抬舉出來的重要古人就是韓愈，因而有「尊韓」的態度。石介說：

> 孔子為聖人之至，……吏部為賢人之卓，不知更幾千萬億年復有孔子，不知更幾千數百年復有吏部。孔子之易、春秋，自聖人以來未有也。吏部原道、原人、原毀、行難、禹問、佛骨表、諍臣論，自諸子以來未有也。嗚呼！至矣。（〈尊韓〉）

他明確地將韓愈與孔子相提並論，孔子以降最了不起的就是韓愈了。而肯定韓愈最主要的理由，就是他寫了〈原道〉、〈原人〉、〈原毀〉、〈行難〉、〈對禹問〉、〈諫迎佛骨表〉、〈諍臣論〉等幾篇講道理的經典文章，將文章的「文統」和道理的「道統」結合在一起。

06 歐陽修：唐宋八大家真正的樞紐人物

傳統上說的「唐宋八大家」，如果分開來看，唐朝和宋朝的分配很不平均。宋朝占了六位，而且光是蘇家父子——蘇洵、蘇軾、蘇轍——就有三個名額，比整個唐朝分到的兩個名額還多！

還有，宋朝的六位「大家」中，最年長的歐陽修出生於西元一〇〇七年，最年輕的蘇轍出生於一〇三九年，幾乎全都集中在同一代，而且他們彼此都認識。很明顯地，從時代上看這「八大家」，其實並不具備涵蓋唐宋兩朝的代表性。兩朝前後時間長達五百年，然而選出來的「八大家」，他們的生平活動高度集中在中唐和北宋前期。

「唐宋八大家」所反映的，其實是北宋前期「古文運動」的熱潮，應和北宋「古文運動」的價值觀論述所需，因而是那一代之間的現象，而不是後世貫通、完整地衡量唐宋兩朝文學表現所產生的評價。

韓愈和柳宗元之所以被選中、被抬高，是為了對抗像楊億那樣的唐末五代文風，而且明顯地以韓愈為主，柳宗元是附帶的。

柳開、穆修等人主張復古，揭櫫了「明道」、「致用」、「尊散體」等原則，然而一方面當時的「理學」才剛開端，在「明道」上的思考成就有限，更麻煩的是，這幾個人自己並沒有能力寫好古文。回頭看一下前面引用的石介〈怪說〉就知道了，那實在稱不上是什麼好文章；而柳開必須回應的責難也包括了：明明可以寫、也應該寫漂亮的時文，幹嘛去寫那不好看的古文呢？

他們無法靈活運用古文筆法，也尚未有足夠可以獨立的新思想，所以必須抬出韓愈，以他的文章，以及文章中所呈現的觀念，作為復古和對抗現實風氣的典範。他們提出了復興古文精神的號召，卻不足以讓古文在他們手中形成現象，遑論運動。

必須等到歐陽修出現，他是「唐宋八大家」真正的樞紐人物。歐陽修具備全面的文才，能寫四六駢文，能寫遊戲文章，也能寫詩、寫詞，由他來推崇古文，分量和意義就大為不同了。面對歐陽修的文學成就，沒有人能輕視他在古文方面下的工夫。

此外，對於文章，歐陽修提供了比柳開、石介他們更深刻的說法。在〈答吳充秀才書〉中，他說：

夫學者未始不為道，而至者鮮焉；非道之於人遠也，學者有所溺焉爾。蓋文之為言，難工而可喜，易悅而自足。世之學者往往溺之，一有工焉，則曰：「吾學足矣。」甚者至棄百事不關於心，曰：「吾文士也，職於文而已。」

他提出一個重要的觀念──「溺」，來解釋為什麼文人會被時文風格所吸引。柳開、石介他們的出發點是和寫時文的人劃清界線，視自己為掌握真理的少數人，憤慨地睥睨、批判另一邊的多數人。歐陽修卻是先畫了一個大群體，將所有的「學者」都包納進來。剛開始的時候，大家都有一份追求真理的初心，問題在於很難堅持。而使很多人放棄初心的主要力量就是「溺」，即沉溺、耽溺，過於自我滿足。

文人當然必須寫文章，但文章不容易寫得好，一旦掌握了寫好文章的訣竅，自然就高興且自滿。這就是陷溺的來源。會寫了，就自我感覺良好，甚至眼裡沒有其他值得注意的事物，只顧專心寫文章。認為既然自己是文人，職責和專業就是寫文章，於是就忽略、遺忘了原本求道之心。

「耽溺」使得文人將文章看得太重要，產生了「異化」的效果，原本的手段轉成了目的，以至於應該用來表達「道」的文章反而變為「道」的阻礙。

07「一世文宗」彙集《文林》的作用

歐陽修在〈送徐無黨南歸序〉中文說：

予讀班固藝文志，唐四庫書目，見其所列，自三代、秦、漢以來著書之士，多者至百餘篇，少者猶三、四十篇，其人不可勝數；而散亡磨滅，百不一、二存焉。予竊悲其人，文章麗矣，言語工矣，無異草木榮華之飄風，鳥獸好音之過耳也。方其用心與力之勞，亦何異眾人之汲汲營營？而忽焉以死者，雖有遲有速，而卒與三者同歸於泯滅，夫言之不可恃也蓋如此。今之學者，莫不慕古聖賢之不朽，而勤一世以盡心於文字間者，皆可悲也！

查看《漢書．藝文志》和唐朝所編的《四庫書目》，依照時代，發現從夏商周到秦漢，早期那些多則寫了一百多篇，少則也還有三、四十篇的作者可說多得不得了，然而他們所寫的文章絕大部分都佚失不傳了，只剩百分之一、二得以留下來。

想想能不感慨嗎？這些人寫的文章一定也是詞藻華麗、字句工整，卻落得像是草木凋零不存、鳥獸聲響過後即逝的情況。這些作者當時寫文章，一定也和所有的作者一樣勞心勞力，可是等到他們死了，再怎麼辛苦創作的文字也就隨之泯滅了。我們還能覺得語言和文字值得依恃嗎？「立言」有那麼容易嗎？現在的學者，一方面仰慕古代聖賢有不朽的功業與盛名，卻花一輩子的精神在寫文章上，太可悲了吧！

真正不朽的不是文章，而是文章所承載的道理，以及實踐道理的聖賢。不要追求文章表面字句的美好，那是假的、留不下來的；應該追求的是構成文章內容的那些道理，只有碰觸到這永恆的道理，才可能跟隨這道理而永久留下來。

歐陽修又有夫子自道，顯現自己的成長：

> 予為兒童時，……得唐《昌黎先生文集》六卷，……讀之，見其言深厚而雄博。然予猶少，未能悉究其義，徒見其浩然無涯，若可愛。
>
> 是時，天下學者楊、劉之作，號為時文，能者取科第，擅聲名，以誇榮當世，未嘗有道韓文者。予亦方舉進士，以禮部詩賦為事。年十有七，試於州，為有司所黜。因取所藏韓氏文復閱之，則喟然嘆曰：「學者當至於是而止爾！」……
>
> 後七年，舉進士及第，官於洛陽，而尹師魯之徒皆在，遂相與作為古文。因出所藏《昌黎集》而補綴之，求人家所有舊本而校定之。其後天下學者亦漸漸趨於古，而韓文遂行於世。

至於今，蓋三十餘年矣。(〈記舊本韓文後〉)

他說很小的時候就接觸到韓愈的文章，當時還無法理解文義，卻立刻感受到言詞的風格深厚、博大、寬廣，覺得喜愛。但那時候流行的是楊億、劉筠所寫的那種文體，也就是「時文」。大家認為寫時文很好啊，既能應付考試，又能換得名聲，因而沒有人注意、談論韓愈。受社會風氣影響，歐陽修自己也戮力於準備考試，專攻詩賦。十七歲去應考，沒有考上，這時回頭又讀韓愈的文章，而有不同的體會，明白「韓文」比時文了不起得多了！

他又在考試上耗費了七年時間，終於一舉進士及第，到洛陽任官時認識了尹洙等人，便相邀一起寫「古文」。他找出自己收藏的《昌黎先生文集》作為底本，參考別人家有的舊本補充校正。從那時開始，文章風氣出現了轉變，時文不再獨步，有了對於古文的認知。三十年來，韓愈的文章流傳愈來愈廣。

歐陽修積極主動地推廣韓愈的文章，作用很大。他自己才氣很高，又有領袖魅力，並能組織群體，是「一世文宗」。他很願意幫人家看文章、給意見，如果遇到他欣賞的，也不吝將後輩年輕人視為弟子，予以協助、提拔。其中一種提拔的方式是，對於他看過並認可的文章，就彙集為《文林》。文章能被歐陽修選入《文林》自然意義非凡，而他選入《文林》的標準，當然不會是「時文」式的，於是就更能推廣「古文」的觀念與精神。

在這過程中，寫古文愈來愈有出路，愈來愈多人願意寫古文，也就圍繞著古文集結了愈來愈多的文人。「唐宋八大家」其實就是從這時候的文人圈中，以歐陽修為核心而形成的典範。

08 曾鞏修國史、安石貶春秋、蘇軾掰皋陶

曾鞏是歐陽修的學生，王安石則是曾鞏年少時就認識的朋友。兩人都到汴京後，王安石還沒成名前，曾鞏將王安石的文章帶給歐陽修看，才讓歐陽修注意到王安石。

曾鞏和王安石雖然是少時好友，但兩人個性、立場卻大不相同。神宗皇帝一度抱怨「我朝無史」，傳統上總是要由下一個朝代來替前朝修史，然而從皇帝的角度看，「我朝」沒有理由滅亡，也就不會有下一個朝代，那豈不就永遠沒有「我朝歷史」了？所以就要求先修「五朝國史」，也就是將在他之前的五位皇帝——太祖、太宗、真宗、仁宗、英宗的歷史寫出來。負責編修的就是曾鞏。

曾鞏先完成了太祖朝的總序，交給皇帝看。文章開頭說太祖輝煌開拓、功業盛大，有人將太

祖和漢武帝相比，其實漢武帝遠遠比不上太祖，畢竟漢武帝不是開國君主。如果一定要比，應該和漢高祖相比才對，然後再羅列出漢高祖劉邦比不上宋太祖趙匡胤的十點理由，是篇洋洋灑灑的大文章。

沒想到呈上去之後，曾鞏卻失去了編修的工作。原來是皇帝心急，看他光是一篇序文就那麼長，那五朝歷史得花多少時間才看得完啊！

神宗是急性子，王安石也是急性子。不只急，王安石還主觀、獨斷，他在經學上花了很大工夫，因而自信滿滿地做了許多不符合傳統的評斷。他特別重視《詩》、《書》和《周禮》，卻將一般認定出自孔子之手的《春秋》評為「斷爛朝報」（《宋史．王安石傳》），也就是一堆片片段段的官方文件剪貼，沒有什麼了不起的價值。

「三蘇」名列「唐宋八大家」也和歐陽修、曾鞏有關係。放回到當時的歷史情境，「三蘇」名氣的一項關鍵是一門父子三人都能寫文章，另一項關鍵在於他們是眉山人，那是一個很偏僻的地方。那麼偏僻的地方能出文人，已經很稀奇了，更稀奇的是竟然同一家一口氣就出了三個。「三蘇」一到汴京就受到重視，被當作奇蹟怪談般流傳，後來是藉著和歐陽修聯繫上，等於是靠歐陽修的背書，才確立了他們是真有本事的。

仁宗嘉祐二年，歐陽修為科考主考官，讀到一份精彩的卷子，他判斷應該是曾鞏寫的，只有曾鞏能寫得那麼好，既然大家都知道曾鞏是他的學生，為了避嫌，就故意將那份應該得第一名的卷子壓低名次。沒想到打開「糊名」後，赫然發現卷子原來不是曾鞏的，而是大老遠從四川眉山來的蘇軾寫的。

故事傳了出去，蘇軾雖然沒有名列第一，卻取得了比得第一名更高、更響亮的名聲。連帶著也提高了父親和弟弟的文章地位。

蘇軾這篇精彩的應試文章叫做〈刑賞忠厚之至論〉，當時就是擔任點檢試卷官的梅堯臣讀來大為讚賞，推薦給歐陽修的。後來蘇軾登門致謝，梅堯臣就特別問他，文中用了堯和皋陶的典故，不知典出何處呢？他的意思應該是稱讚蘇軾書讀得真多，用到了梅堯臣自己不知道、沒讀過的典故。不料蘇軾的回答竟然是：「想當然耳。」喔，那不是出自哪一本書，是我自己認為應該有這麼回事。也就是沒有來歷，是蘇軾自己想像、掰出來的！

我們為什麼會知道這件事？因為記錄在一本叫做《捫虱新話》的筆記裡，作者是南宋高宗紹興年間的陳善。而「筆記」也是宋代文人文化中的新鮮文體，主要的內容就是文人間的八卦閒話。因為是八卦閒話，所以通常很有趣，卻不能盡信其內容，不能都視之為事實。

09 蘇軾的達意之美，程頤的作文害道

仁宗朝以歐陽修為中心，形成了「古文運動」。在歐陽修之前，是柳開、穆修、孫復等人，然後就是歐陽修這一代，往下有他的學生曾鞏和蘇軾等人，再往下則是蘇軾的學生輩，最有名的是「蘇門四學士」——黃庭堅、秦觀、張耒、晁補之，有時加上陳師道、李廌，叫做「蘇門六君子」。

「古文運動」的熱潮也差不多就是這樣四代人，七十年左右的時間。「古文運動」在這之後沒落了，倒不是因為「時文」或駢文的有力反撲，而是自身內部的發展所致。

「古文」被清楚定義為傳達思想的工具，和「時文」最大的差別就在於其內容是講理的，而且是講可以致用的道理，所以不屑在表面字句上裝飾琢磨。不過這項定義到了歐陽修之後，其實有了相當的修正。蘇軾在〈與謝民師推官書〉中說：

> 孔子曰：「言之不文，行之不遠。」又曰：「辭達而已矣。」夫言止於達意，即疑若不文，是大不然。求物之妙，如繫風捕影，能使是物瞭然於心者，蓋千萬人而不一遇也。而況能使

瞭然於口與手者乎？

他在〈江行唱和集序〉中又說：

夫昔之為文者，非能為之為工，乃不能不為之為工也。山川之有雲霧，草木之有華實，充滿勃郁，而見於外，夫雖欲無有，其可得耶？

如果言詞只是為了要達意，那就不需要、甚至不應該寫得很漂亮嗎？不是的。有那麼多奧妙的現象與道理，如何可能大家一看、一聽就都知道？「達意」可不是一件容易的事。不是要刻意追求將文章寫得很美，而是如果要能有效「達意」，文章就非得有一定的複雜程度不可，也就會有一定的美感。不好、不美的文章，也無法「達意」。就像山川之上會有雲霧繚繞，草木會開花結果般，自然地展現出美感。難道要故意取消這種美嗎？能夠取消得了嗎？

不是要努力讓自己的文章寫得美，而是如果要披露、彰顯值得被描寫刻劃的道理與現象，就算想努力讓自己的文章粗糙不美，都做不到啊！那就是文章「達意」內涵的性質，不是外造、化妝出來的。蘇軾主張：能夠清楚表達的文章，必然同時是漂亮美好的文章，兩者合而為一。這也就是「古文運動」背後的強烈美學信念。

但在那個時代，有另外一些人不這麼想，或者說他們更看重將道理講清楚的功能需求，而不那麼在乎美學上的考量。

例如理學家程頤，就從來不看「美文」。有人拿晏幾道的詞給他看，希望能感動他，改變他的態度。程頤讀到這兩句：「夢魂慣得無拘檢，又踏楊花過謝橋。」（〈鷓鴣天〉）人在夢中得到了現實裡沒有的自由，可以去到過去記憶中的情境裡，這樣的兩句詞不難理解，也確實寫得頗有情趣。可是程頤的反應呢？他搖頭連呼：「鬼話！鬼話！」

程頤對晏幾道沒有好感，就連杜甫他也覺得不以為然。他明白表示不了解作詩要幹嘛？讀到杜甫的詩：「穿花蛺蝶深深見，點水蜻蜓款款飛。」（〈曲江二首・其二〉）他的感受是：講這些閒語要做什麼？

所以他評論韓愈的意見是：

> 退之晚來為文，所得處甚多。學本是修德，有德然後有言，退之卻倒學了。（《二程語錄》）

韓愈晚年對於文章有很多體會，他卻不以為然。學問本來是為了要自我修養，在德行上有了收穫才寫文章，韓愈不在德行道理上用功，卻去講究文章，那就在本末次序上顛倒了。

歐陽修說文人因為「溺」於文章，所以遺忘了求道的初衷；程頤則說「今之學者有三弊」：

一、溺於文章，二、牽於訓詁，三、惑於異端。有意思的是他排出的順序，錯誤的思想「異端」反而在最後面，而把文章排名第一，因為沉溺於文章的現象最普遍。

古文派相信文章是修道後的產物，也是闡揚道理的工具；而程頤則推到極端，認為文章是害人無法專心求道的根本缺點。當學生問：「作文害道否？」程頤直接回答：

害也。凡為文不專意則不工，若專意則志局於此，又安能與天地同其大也？《書》曰：「玩物喪志。」為文亦玩物也。（《二程遺書》）

當然有害。不專心就沒辦法將文章寫好，若專心寫文章則你的意志就被文章侷限了，那又如何能通達天地道理，有那樣開闊的格局呢？從求道的目標上看，寫文章也會導致「玩物喪志」。

10 理學的反文章及「語錄體」風格

到了南宋，理學的核心人物是朱熹，而他之所以能有那麼大的影響力，一部分原因在他精力旺盛，而且具備多方興趣。在《朱子語錄》中留下了他對於各種學問、各種書籍、各種人物與事件的評論意見。在這方面他比程頤開闊得多，但他還是繼承並堅守著程頤對文章的看法，一再批評文章和義理間的緊張衝突。

朱熹在〈讀唐志〉文中批評歐陽修：

> 由後之說，則文王、孔子之文，吾又不知其與韓、歐之文，果若是其班乎？否也？嗚呼，學之不講久矣，習俗之謬，其可勝言也哉！

去古久遠，有人看不到也看不懂文王、孔子的文章，就覺得韓愈、歐陽修的文章應該也和文王、孔子差不多。這證明了時代學問的墮落，習俗的荒謬真不知該怎麼說才好！

他舉了一個例子，顯示歐陽修不夠格和文王、孔子並列，那就是歐陽修晚年所寫的〈六一居士傳〉。歐陽修給自己取了「六一居士」的號，來自於六個「一」：藏書一萬卷，集古錄一千卷，琴一張，棋一局，酒一壺，還有，老人一個。

這是歐陽修的人生趣味，也是他的幽默，但朱熹完全無法欣賞，他看到的都是「玩物喪志」，說明了歐陽修將時間都花在這上面，那麼哪可能有聖人的修養層次，又哪可能寫出和聖人同等的文章？

程頤到朱熹這些理學家，他們認為文章寫得漂亮，就表示對於道的修養與追求不夠認真。韓愈原本最重要的身分，是將道統和文統結合，既是道的繼承者、思考者，又是文章家。但在理學家這裡，道統和文統又分開了，他們刻意排斥文章，尋找並創造一種直接、不講究、不修飾的風格，那就是「語錄體」。

「道統」是中國歷史中很重要的「建構」（historical construction），隨著不同時代而有不同的面貌。韓愈以他的文章明確地建立了一個「道統」的系譜，並且藉由他文章的感染力，有效傳揚了這個系譜，抬高這個系譜的權威。「道統」的核心就是從「王官學」到「儒家」所推崇的代表人物——堯、舜、禹、湯、文王、武王、周公、孔子、孟子，然而從孟子以下就有分歧了。

例如荀子算或不算在這個「道統」中，有不同答案。北宋時期有一度特別抬舉賈誼，將他列入「道統」中，那是以賈誼為有良心的策士的代表，反映了當時士人自認與君王共治天下的責任，看重能夠提出治國方案的人。到南宋時，有一度鄭玄被納入「道統」中，將他視為經學的正統代表。「道統」有其基本固定的部分，也有其依時代流行而浮動的部分。

韓愈一度被視為「道統」的殿軍，有賴他才維繫了「道統」的命脈，而他在「道統」上的地位，和他的文章成就是分不開的。理學後來不重視文章，甚至產生了「反文章」的價值觀念，連帶也動搖了韓愈在「道統」上原本享有的崇高地位。

要了解朱熹的思想與主張，必須讀《朱子語類》而不是《朱子文集》。《朱子語類》就是將朱熹的「語錄」分門別類編撰而成的。「語錄」不是朱熹寫的，是抄錄他講的話留下來的，不經修飾琢磨，單純是傳遞意念和道理的功能，沒有字詞上的任何美學追求，也就表示沒有一絲一毫的精神、力氣浪費在讓文章漂亮、好看，如此才符合「一心向道」的高標準。

主張承繼道統的理學家不再以文章著名，他們的思想主要以「語錄」來表達。而即使他們寫文章，只要是談道講理的，文章風格都愈來愈像「語錄」，也就是從口語抄錄下來的，和直接用文字寫的，兩者愈來愈接近。

在歐陽修身上建立起的文人文化，是「道藝合一」，道的追求、表現和藝術形式關係密切。歐陽修的「六一」最後一項是「一個老人」，意味著有書有古玩興趣，有琴有棋有酒，那麼人就不怕老了。因為可以老得優雅，也老得豐富。

然而理學之所以又被以帶有譏諷與反對的口氣稱為「道學」，就在於將「道」無限上綱，以至於把其他東西都排除在外，包括「藝」，包括「情」，也包括從「藝」和「情」而來的人生趣味。他們相信求道的人沒有餘裕去修養「藝」，將原本在文人文化中極為核心的「藝」推到邊緣去。只有相信「道藝合一」，才有可能發展出日本文化中的那種花道、茶道等等。北宋的文人文化有這樣的精神，然而「道學」進一步發展，就掩蓋、阻止了這份精神在藝術上的落實。

11 「道藝分離」造成古文的沒落

「道藝分離」，或說道統和文統的分離，造成了古文的沒落，相應有了「語錄體」的興起。南宋以降，文章的地位下降，相對地語言的地位提升，由此而有了近世社會中「白話文」的躍動。過去文人運用文字，一定要寫出和日常說話不同的句法，「語錄體」和語言黏得那麼緊，沒有文字難度的寫法，是入不了文人之眼的。然而經由「語錄」承載道學討論，使得文人逐漸習慣這樣的白話寫法，有效開拓了白話的空間。

另外，配合城市的發展，文人文化中的幾個主要形式有了商業化的傾向，在城市裡出現了專業市場。「道藝合一」價值瓦解了，促成原本專屬於文人文化的幾種「藝」，轉為可以交易買賣的專業，和市場、市井接上了。這是近世俗民文化長足發展的一大動力，部分就源自文人自我認知與理解上的轉折改變。

第六講

宋詩的破格精神

01 說慣了唐詩宋詞，你可知有唐詞宋詩？

中國是個歷史意識極其發達的文明，隨時都在整理過往的歷史，並且形成固定的解釋與說法。好處是人們和歷史親近，感受到和前人之間的密切聯繫；然而也有壞處，那就是固定的解釋與說法常常取代了真實的歷史資料，甚至取消了部分的歷史資料。

一個例子是，中國文學史很早就形成了以主流文類來貫串的固定說法。漢賦、唐詩、宋詞、元曲，頂多加上六朝駢文和明清小說。上一講曾提到過這種說法產生的盲點——讓我們誤以為到了唐宋時期，駢文就消失了，或至少不重要了。但如果以為駢文消失或不重要，就無法理解「古文運動」因何而生了。

另外一個盲點是，說慣了唐詩、宋詞，總是注意唐詩、宋詞，必然就相對忽略了唐詞、宋詩，甚至不知道有唐詞、宋詩的存在。

文人詞的起源在唐朝，尤其到了五代有長足的發展，才會出現重要的詞集《花間集》。集裡所收的作品，已經涵蓋了大部分的詞牌、詞的主題與慣常表現手法。習於唐詩、宋詞說法，講詞都從宋代講起，就會失去對於詞從民間唱詞到文人化這一關鍵變化的認識，也不容易注意到詞與音樂之間保存著曖昧關係的特性。

唐詩、宋詞的說法讓我們先入為主地相信，宋代韻文的最高成就在詞，就算偶爾意識到宋代文人也還寫詩，還有宋詩的存在，也很容易將之視為唐詩的末流或遺緒，也就是唐詩失去了活力之後的產物，是套襲唐詩所以無甚可觀。

但史料歷歷在眼前，不允許我們如此輕易地將宋詩擺到一旁。弔詭的是，宋詩之所以不受重視，正是今天我們不該輕忽宋詩的原因。聽起來很怪、很彆扭？讓我換個說法：宋詩不受重視，非但不是因為套襲唐詩，而是因為創作這些詩的人有意識地、刻意地要寫出和唐人不一樣的詩。也就是說，宋人訂定出一套關於寫詩的概念與標準，判斷怎樣的詩才是好的，而這套標準有很多地方是針對唐詩而來的。必須離開唐詩的窠臼，才能算是帶有創新性、能夠符合新時代價值的好詩。

而最熟悉這套標準，也因此最討厭這套標準的，是接在宋代之後的明代文人。明朝文壇影響力最大的有「前七子」、「後七子」，[7]而不管是前或後的這些標竿人士，都主張「文必秦漢，

7《明史・文苑二・李夢陽傳》云：「又與何景明、徐禎卿、邊貢、康海、王九思、王廷相號七才子，皆卑視一世，而夢陽尤甚。」他們活躍於明弘治、正德年間，稱「前七子」。「後七子」則活躍於嘉靖、隆慶年間，《明史・文苑三・謝榛傳》云：「李攀龍、王世貞輩結詩社，榛為長，攀龍次之。」又〈李攀龍傳〉云：「又二年，宗臣、梁有譽入，是為五子。未幾，徐中行、吳國倫亦至，乃改稱七子。諸人多少年，才高氣銳，互相標榜，視當世無人，七才子之名播天下。」

詩必盛唐」。「文必秦漢」不是他們發明的，那是承襲「古文運動」的理念而來的；但「詩必盛唐」呢？那其實就是針對到了明代已經成為寫詩固定規範的宋詩標準的反動。

他們不滿於宋詩的標準成為流行，一方面既然流行就變成流俗，另一方面又拘束了他們的表達自由，因而想要擺脫這套流行標準。在歷史意識高度發達的社會中，很自然就採取了「以復古為革新」的策略，藉由肯定「盛唐」來否定宋詩。

從一個角度看，明代文人的口號極為成功，塑建了「詩必盛唐」的普遍信念，認定盛唐詩就是最好的。和盛唐詩相比，連中唐、晚唐都無足觀矣，更何況宋代！但換另一個角度看，明代文人的「復古」雖然成功，「革新」卻沒什麼成就，他們寫出的詩並沒有產生足可獨立的新風格、新精神，只是平白地將宋詩打倒，使得後人無從越過他們的評價，比較客觀真切地欣賞宋詩。

02 盛唐詩好在「興趣」，宋詩卻有跡可求

明朝文人拉抬盛唐來打宋詩的態度有其先鋒，那是南宋嚴羽所寫的《滄浪詩話》。嚴羽說：

夫學詩者以識為主，入門須正，立志須高，以漢、魏晉、盛唐為師，不作開元、天寶以下人物。若自退屈，即有下劣詩魔入其肺腑之間。……（《滄浪詩話．詩辨》）

學寫詩最重要的是建立觀念意識，開始就不能走歪，還要訂定高標準。什麼樣的標準呢？以唐朝開元、天寶年間為界線，以下的都不能學。如果在這方面稍有妥協，就會有劣等的詩魔進到身體深處，趕都趕不走。

……漢魏五言皆須熟讀，即以李、杜二集枕藉觀之，如今人之治經，然後博取盛唐名家，醞釀胸中，久之自然悟入。……至東坡、山谷始自出己意以為詩，唐人之風變矣。山谷用工尤為深刻，其後法席盛行海內，稱為江西宗派。

要保衛不讓詩魔侵入，不只須讀熟漢、魏五言詩，還要拿李白、杜甫的詩集當枕頭，連睡覺時都不離開。用研究經書的態度來接近李白、杜甫，然後將盛唐時期其他名家的詩熟讀在心中。可是從蘇軾、黃庭堅開始偏離唐詩，自己寫自己的。黃庭堅在自創格式上尤其用力，他的寫法大為流行，有了「江西宗派」的名稱。

《滄浪詩話》書中最常被引用的是這段：

> 詩者，吟詠情性也。盛唐諸人惟在興趣，羚羊掛角，無跡可求。故其妙處透徹玲瓏，不可湊泊，如空中之音、相中之色、水中之月、鏡中之象，言有盡而意無窮。（《滄浪詩話．詩辨》）

盛唐詩好在哪裡？在於「興趣」，也就是「賦、比、興」裡的那個「興」。「賦」是描述，「比」是譬喻，「興」比較接近自由聯想，由一個似乎不相關的現象或事物引出真正要講的意思。「興」是沒有規律、無法規範的，因而帶有一種獨特的趣味，稱之為「興趣」。

追求「興趣」的唐詩無可捉摸，其意思若有似無、模糊曖昧，絕對不是可以套襲炮製的。由於具備超越字面的多重意義，最符合詩用以表達「情性」（非知識或道理）的根本性質。

雖然沒有明說，不過嚴羽文字中的隱意，就是批評今人所寫的詩是「有跡可求」的，有一種固定的寫法。宋詩是講究方法，從方法裡造作出來的。

對於盛唐詩，嚴羽還有這樣的意見：

> 大抵禪道惟在妙悟，詩道亦在妙悟。且孟襄陽學力下韓退之遠甚，而其詩獨出退之之上者，一味妙悟而已。惟悟乃為當行，乃為本色。然悟有淺深、有分限、有透徹之悟，有但得一知半解之悟。（《滄浪詩話．詩辨》）

他將詩的表現和禪宗等同，不在理解而在直覺的「悟」。要比學問，韓愈當然遠超過孟浩然，可是孟浩然的詩寫得比韓愈好。學問和詩有不一樣的目標，也就有不一樣的方法，孟浩然掌握了詩人的「當行本色」，那就是追求、表現「妙悟」。詩的高下好壞和「悟」密切連結，「悟」有深有淺，有部分片段的，有全體透徹的，還有那種一知半解的。

關鍵在於要「入神」，在這上面和學問形成了最大的對比。學問要努力、要經營，可是如果在詩上顯現了努力、經營的痕跡，那可就不「神」了，也就不會是上等的好詩。而相對於盛唐詩，宋詩的特性不幸的是「有跡」。

03 推翻西崑體，設定中唐的詩風榜樣

《滄浪詩話》分成「詩辨」、「詩體」、「詩法」、「詩評」、「詩證」五部分，而「詩辨」放在最前面。在〈答出繼叔臨安吳景仙書〉中，嚴羽很得意地說：

僕之〈詩辨〉，乃斷千百年公案，誠驚世絕俗之談，至當歸一之論。其間說江西詩病，真取心肝劊子手。

他自認提出了驚世絕俗的看法，卻又是不可搖撼的真理。但如果是至當的真理，為什麼別人都沒聽過而會大感驚訝？解釋這其中的矛盾，答案就在「江西詩派」。〈詩辨〉是特別針對「江西詩派」而寫的，痛批針砭「江西詩派」的錯誤與弊病，要像劊子手般取「江西詩派」的性命。「江西詩派」勢力龐大，正是使得一般人無法接觸真理的主要障礙。

「江西詩派」奉黃庭堅為宗師，命名者是黃庭堅的追隨者呂本中，他整理了一個「江西詩社宗派圖」，將二十五個人納入這個系譜中。他很謙虛地將自己排除在外，表示自己還沒有資格入圖，而圖中地位最高、占據源頭的就是黃庭堅。

在宋詩的發展上，黃庭堅的確扮演了核心的角色。上一講提過的引發「古文運動」批判反彈的「西崑體」文人，主要寫的就是詩。然而他們那種用套路寫詩的方式，只講究表面字句卻忽略思想內容的風格，和北宋新的文人自覺強烈牴觸，所以需要從「古文」中去尋找能夠承載、表達這種新價值觀的形式。

要推翻「西崑體」的權威地位，因而往前找到了韓愈，抬出韓愈的道統觀與「文以載道」的信念，批判只有「文」而沒有「道」的「西崑體」。不過「西崑體」主要的作品是詩，於是由此又產生相關在詩上的改革呼聲，同樣以韓愈為榜樣，提出對於如何寫詩、為什麼寫詩的新主張。

和歐陽修極為親近的梅堯臣寫過一首詩：

> 退之昔負天下才，掃掩眾說猶除埃。
> 張籍盧仝鬥新怪，最稱東野為奇瑰。……
> 歐陽今與韓相似，海水浩浩山嵬嵬。
> 石君蘇君比盧籍，以我待郊嗟困摧。……（〈依韻和永叔澄心堂紙達劉原甫〉）

先是確立韓愈的歷史地位，以其天下最高的才能，像掃塵土般將邪說打倒了；然後描述他身邊跟隨著張籍、盧仝，撐起韓愈的陣營，另外還有孟郊，是他們之中帶有獨創性格的奇葩。接著一轉，將歐陽修比作韓愈，擁有領導大才，是當下的改革帶隊者，在他旁邊的有石延年和蘇舜欽，就像韓愈有張籍和盧仝相呼應一般。如果這樣比擬下來，那麼梅堯臣自己可就得當孟郊了，這樣的身分與期待讓他很困擾，感嘆自己做不到、承擔不起。

這詩當然是朋友間的遊戲之作，但清楚反映出當時連帶著「古文運動」，要同時進行詩的改革的立場。另外，因為以韓愈為宗的緣故，他們所設定的詩風榜樣是「中唐」，可以說是要自覺地將中唐詩風在宋代復興。

04 宋詩躍動著打破唐詩規矩的活潑精神

歐陽修晚年寫了《六一詩話》，明白地解說韓愈的詩好在哪裡：

退之筆力，無施不可，……然其資談笑，助諧謔，敘人情，狀物態，一寓於詩。

韓愈的文字功力顯現在到處都能運用，可以談笑，可以幽默，可以表達人情，也可以描述客觀事物，都能夠寫進詩中。也就是詩有廣闊的天地，不像「西崑體」那麼狹窄而造作，只在聲音和文字上細膩追求。

依照「西崑體」的美學，詩有一種詩的腔調，寫詩就必須模仿這種腔調，適合這種腔調的內容可以入詩，不適合的就應該排除在詩的領域之外。歐陽修則認為詩不可能只有如此，最明確的證據就在韓愈所寫的詩，那麼多樣、那麼開闊！

蘇舜欽和梅堯臣比歐陽修早去世，歐陽修寫了一首〈感二子〉追懷兩人，開頭第一句是「黃河一千年一清」。哇，這是詩句嗎？七個字是以二─三─二的方式分配的，而且平仄的變化也很不自然，第三和第六個音是下沉的聲音，而且還是相同重複的。

第二句恢復到比較正常的「岐山鳴鳳不再鳴」，可是又讓第三字和第七字聲音重複。接著第三句是「自從蘇梅二子死」，則是以文入詩，採用了簡白的散文式文句，然後才連到第四句「天地寂寞收雷聲」。

這是歐陽修刻意的姿態，打破原來詩的規律，表現出這兩位朋友最讓他感念的，就是一起在詩上的這種突破性探索。〈感二子〉全詩是：

黃河一千年一清，岐山鳴鳳不再鳴。
自從蘇梅二子死，天地寂寞收雷聲。
百蟲壞戶不啟蟄，萬木逢春不發萌。
豈無百鳥解言語，喧啾終日無人聽。
二子精思極搜抉，天地鬼神無遁情。
及其放筆騁豪俊，筆下萬物生光榮。
古人謂此覷天巧，命短疑為天公憎。……

一方面用上了很淺白的句法，甚至刻意打破詩句的慣例，將散文句子放進去；另一方面又用了非常誇張的形容，雖然是祭悼、懷念的詩，讀到後來，我們都不確定歐陽修是認真的還是開玩笑的，這兩位朋友的詩文有重要到這種程度？從中就產生了一份曖昧的幽默感，好像他還在跟兩位親近的朋友隔著陰陽兩界開玩笑。

這樣的風格確實和韓愈有關。韓愈除了在提倡古文與主張「文以載道」上很有成就，他還有另一個身分——銳意求新求變的詩人。在寫詩上，他經常不惜將詩寫得失格、破格，來凸顯自己不與時人彈同調。他的詩被視為古怪、彆扭，不過那不是他的目的，重點是他要找出方法，寫出和一般唐朝人寫過、或正在寫的詩明確不同的作品。

宋代文人找到了韓愈為榜樣，以他的「古代性」來對抗晚唐五代與現實的文風，最後產生了一份弔詭：在詩的領域上，韓愈非但不「古」，而且他還是唐朝整體風格的叛逆者。

如此而有了宋詩的雙面性格。原本要擺脫晚唐五代與「西崑體」的拘束，所以上摹唐朝，學中唐以前的人寫詩；然而以韓愈為模仿的焦點，他又是破壞唐詩規矩的詩人，以至於宋詩也躍動著打破唐詩規矩的活潑精神。當歐陽修、梅堯臣、蘇舜欽等人學韓愈時，他們學到的，與其說是韓愈寫詩的方式與風格，更重要的毋寧是韓愈打破唐詩規矩的做法。

05 黃庭堅的「出律」，雖隻字片句不輕出

到了黃庭堅和王安石，就有了明確的主張，有意識地去寫唐朝人不會寫、不能寫的詩。而從歐陽修到黃庭堅，中間又有一位大才蘇軾。蘇軾寫得最好的詩多為古體詩，在這方面很像另一位大才李白，他們都需要較大的空間揮灑鋪陳，不喜歡受到近體詩的拘限，不喜歡在框框裡尋求突破，而習慣於大開大闔。

蘇軾和李白的另一個相似之處，在於都喜歡寫「有我」之詩，也就是有著發達的自我，用詩來發抒恣意的主觀。例如蘇軾的〈遊金山寺〉詩，開頭第一句就說「我家江水初發源」，好大的口氣！雖然我們明白他要說的是自家住在四川，是長江的發源地，但句子聽起來像是要把長江都包攬為他家的，而且他是故意製造出這種錯覺，以傳遞極度恢弘開闊的自我主觀。

第二句接著說「宦遊直送江入海」，彷彿他做官的旅跡，就是為了要將長江江水從發源地送入大海似的。先如此彰顯自己和長江的關係，然後才說「聞道潮頭一丈高，天寒尚有沙痕在」，真正進入對長江和金山寺的描述。

蘇軾並沒有自覺為什麼如此寫詩，他是先有作品，然後直接在作品中表現出一種不同的態

度。要到黃庭堅，才明確地提出寫詩的新價值觀，也提出看待唐詩的新立場。

黃庭堅擅長寫「拗體」的詩。「拗體」分兩種，一種是「拗律」，另一種是「拗句」。「拗律」是破壞了原有的平仄安排，在聲音上破格；「拗句」則是調整、改變了原有的安排，句子是不合律的，但會利用同時相應改變的句子「救」回來，產生新的平衡關係。

「拗體」就是刻意挑釁唐人留下來的規則，在聲音和文法上進行破格試驗。談到黃庭堅的詩時，總是會提到他的「求奇」精神。他標榜不論是意念或意象，聲音安排或典故運用，都要找到前人沒有的表現。詩的格律是唐人最大的成就，然而早在中唐時，韓愈就看出了詩律的問題，為之感到不滿。有那麼多的詩按照這套格律寫成，每一首詩幾乎都成了這套格律的示範。讀多了、浸淫在其中久了，格律不再是限制，也不再是挑戰，不必多想，只要依循長期培養起來的語感去吟、去寫，就八九不離十能寫出符合規律的作品。

黃庭堅認為寫詩的第一要件，就是不要寫那種看起來或聽起來很自然、很理所當然的詩，那種不需設計、不需燒腦思考的詩。和唐詩相比，甚至也和後來明代、清代所寫的詩相比，宋詩有一項差別，那就是標題中有「口占」二字的少了很多，近乎絕跡。

「口占」指的是隨口吟誦出來，然後再抄錄的，和坐在桌前、拿著紙筆一句一句想好寫下來不一樣。如果用音樂比擬，那就像是即興演奏般，而且也跟即興演奏一樣，可不是隨便愛怎麼彈就怎麼彈，愛怎麼吹就怎麼吹，而是必須對和弦和旋律的變化分合極為熟悉，能夠快速、正確地直覺反應，才能即興演奏。

「口占」表示對於詩的規律不只透熟，而且內化到不必思考。所以沒有紙筆，不能檢查聲調、音韻、對偶都沒關係，從口中直接講出來的，自然就符合所有這些規則。

為什麼「口占」消失了？因為宋代文人不再重視這種自然流露的、即興的詩。這種詩必定合於規律，但他們要的是大部分符合規律，卻又在一些地方刻意巧妙地破壞規律的詩。這方面的典範是陳師道，他去登高攬勝，想到了一句詩，就要回家將自己關起來，認真思考他的詩。他一坐上專用的「吟榻」，僕人就得趕緊離開，小孩不准啼哭，連可能讓他分神的貓啊、狗啊、雞啊等通通趕得遠遠的。他苦吟得詩之後，就將詩句寫下來貼在牆上，不斷讀、不斷修改。

他每天寫詩，生活中沒有什麼比寫詩更重要的事，因此寫出的詩很多，但他的標準很高，最後只留了幾百首。寫詩為什麼會變得那麼難？不是為了要遵守格律，剛好相反，因為這時人人都能輕鬆掌握詩律了，所以難在如何「出律」。而且是有道理的「出律」，可以和其他一般的詩、正常的詩不一樣，也就是黃庭堅所抱持的「作詩雖隻字片句不輕出」。[8]

8 《詩林廣記》記載：「劉後村（即南宋詩人劉克莊）云：『豫章會粹百家句律之長，究極歷代體製之變，搜獵奇書，穿穴異聞，作為古律，自成一家。雖隻字片句不輕出，遂為本朝詩家宗祖。』」

06 從「人煙寒橘柚」到「人家圍橘柚」

南宋朱弁的《風月堂詩話》中，描述黃庭堅是：

> 乃獨用崑體工夫，而造老杜渾成之地，今之詩人少有及此者，禪家所謂更高一著也。

認為在雕琢字句的講究上，其實黃庭堅和「西崑體」很接近，但寫出來的卻不是華麗輕浮的作品，也不造作，有杜甫的分量與氣派，以類似的手法但成就高了一個等次。

上一講解釋過，「西崑體」的典範榜樣是李商隱。而讓黃庭堅一方面和李商隱相接，卻又能有杜甫氣派的，其實是韓愈。李商隱承襲了韓愈那種彆扭的風格，卻偏離了韓愈在內容與關懷上繼承杜甫的方向；而「西崑體」甚至比李商隱更狹窄，沒有李商隱那種真切的悲劇氣氛，也沒有膽量做出什麼突破性的試驗，最終頂多只在典故與文法上有所「破」。相較之下，黃庭堅既大膽又執著，文法可以破，聲韻可以破，對偶可以破，典故可以破，詩的形式用途也可以破。

黃庭堅的詩句：「閉門覓句陳無己，對客揮毫秦少游。」（〈病起荊江亭即事十首．其八〉）

前句講的就是陳師道，後句講的是秦觀。這兩人之間，論才氣，那當然是秦觀高得多，能夠不須太多思考就在客人面前立即作詩。不過這種行徑太像楊億，到了黃庭堅的詩學領域中，那就只是和陳師道的苦吟形成強烈對比而已，沒有必然比較高的地位。甚至還因為寫得如此輕鬆容易，這樣的詩也就被視為不可能有精巧的破格安排，不會讓人眼睛一亮，所以價值不高。

黃庭堅還不只刻意突破唐詩，有時甚至故意「唐突唐人」，意思是去改動唐人寫的詩。他發明了「奪胎」和「換骨」的寫詩方式。[9]例如李白的詩句：「人煙寒橘柚，秋色老梧桐。」（〈秋登宣城謝朓北樓〉）黃庭堅改了兩個字，改為「人家圍橘柚，秋色老梧桐」，就成了自己的詩句。兩者的差異在於，李白這兩句都在形容秋天的蕭索感受，因為秋意，所以連「人煙」看起來都帶有寒意，梧桐好像也在秋光中變老了。黃庭堅卻改成上下兩句對比，看到人家圍著吃橘子、柚子，如此豐足的意象，映襯著窗外落了葉的梧桐格外蒼老。

又如白居易的詩：「百年夜分半，一歲春無多。」（〈勸酒寄元九〉）黃庭堅就改成七字的對子：「百年中去夜分半，一歲無多春再來。」白居易是單純感慨時光苦短，人活著頂多不過百年，但其中不能做什麼的黑夜就占了一半；一年的時間裡，最好的春天也只有那麼一小段。經黃

9　北宋詩僧惠洪《冷齋夜話．卷一》中說：「山谷言：『詩意無窮而人之才有限，以有限之才追無窮之意，雖淵明、少陵不得工也。然不易其意而造其語，謂之換骨法；窺入其意而形容之，謂之奪胎法。』」

庭堅一改，又成了對比，時間很短促沒錯，然而正因為時間過得那麼快，一年一下子就過去了，也就等到春天能再來。

這樣的改法充分反映了唐詩和宋詩的差異，或說宋詩自覺與唐詩不一樣的地方。相較於唐詩，宋詩更多曲折，也更喜歡創造意義上的曖昧性質。唐詩有比較明確的方向，在詩中表達某種情緒；宋詩卻故意模糊方向，往這邊走三步，就要改往相反方向走兩步一般，沒那麼容易掌握詩中的意念與情緒。

蘅塘退士在《唐詩三百首．序》中的名言是：「熟讀唐詩三百首，不會作詩也會吟。」這話的真實性建立在唐詩的格律上。的確，這些詩基本上都是依循同樣一套格律寫成的，所以如果讀得夠多、夠熟，自然會內化這些格律，不必另外特別學習，都能直覺地明白聲音平仄對錯，以及語法的正確與否。

然而宋詩不是這樣，宋詩首先就不是有著自然順口音樂性的作品。宋詩沒有要讓讀者自然地讀下去，其寫法是要讓人追究推敲的。讀者必須先徹底掌握詩的文理、對仗、聲韻與典故等用法，才能看出其中破格的地方，也才能體會其巧妙之處。宋詩不完全符合格律，但弔詭的是，因此更需要假定讀者對於格律的嫻熟與修養。

這很像不懂音樂上大小調道理的人，可以欣賞巴哈、莫札特的曲子，但遇到貝多芬的作品時就會卡住了。貝多芬《第九號交響曲》是鼎鼎有名的《合唱交響曲》，其中第四樂章，在人聲歌唱出現之前，那是什麼音樂啊？東一句、西一句，好像這裡試試、那裡看看，很不確定也很不安定，怎麼聽都聽不出音樂在什麼調性上，隨時游移轉換，不知道要去哪裡？在以徬徨調性吊足人胃口之後，突然男低音衝出來，一下子解決了所有的困惑，給人帶來有如雨過天青的感覺……不懂調性的人，無從驚嘆貝多芬的傑出安排，無從理解這樣「破格」的樂曲有多難寫、有多難得。

宋詩的破格精神墊高了欣賞的門檻，將詩從唐朝的「全民運動」、高度普及的情況，變成文人之間帶有高度菁英性質的創作活動。這明顯也符合宋代文人在文化上的高度自覺與自尊態度。

07 宋詩具備唐詩中少見的懸疑性

宋詩的另外一項特質，是具備唐詩中少見的懸疑性。讀者無法從第一句就能預期下一句會出現什麼，閱讀過程中會一直被好奇心吊著，並且經常得到意外驚訝的感受，成為讀詩的一大樂趣來源。例如黃庭堅的〈寄黃幾復〉：

我居北海君南海，寄雁傳書謝不能。
桃李春風一杯酒，江湖夜雨十年燈。
持家但有四立壁，治病不蘄三折肱。
想得讀書頭已白，隔溪猿哭瘴溪藤。

這是一首七言律詩，是很簡單寫給朋友的酬答之作。開頭第一句描述兩人一北一南的分別狀態，接著突然動用擬人法來形容遠道，要拜託飛雁幫忙帶信去，連雁都搖頭拒絕啊！然後頷聯兩句又用了特殊的文法形式，都是名詞並列，沒有一個動詞，徹底省簡卻高度傳神。前句用「桃李」、「春風」、「一杯酒」表現過去兩人相交的情狀，溫暖而美好；後句則用「江湖」、「夜雨」、「十年燈」對比分離的景況與時間，帶著紛亂與無奈的心情。

接下來頸聯兩句延續著無奈心緒，形容自己的不堪近況，家徒四壁，長期生病，病到自己都可以當醫生了，也是自嘲地表示窮得沒錢看醫生。最後兩句有著大落差，前面一句很直白，十年來人都變老了，想要讀書或求功名已經來不及了；後面一句突然變成寫景，表面上看完全不搭、極為突兀，但句中所形容的帶有淒厲意味的自然之景，在並列聯想中，就成為自己生命的悲涼象徵與寫照。

再看南宋范成大的〈春日田園雜興十二首．其五〉：

社下燒錢鼓似雷，日斜扶得醉翁回。
青枝滿地花狼藉，知是兒孫鬥草來。

形式上是更簡單的七言絕句。描述的是土地公廟的熱鬧，拜拜之後燒紙錢，還打起響亮的鼓聲，大家聚在一起吃飯喝酒，喝到黃昏時分，老先生都喝懵了。第三句形容一回到家，看到枝葉和花散了滿地，一個有點驚人的非常景象，怎麼了？拜拜吃飯喝酒間，家裡出了什麼事？這就是懸疑，要等待最後一句來解開疑惑。喔，原來是兒孫有兒孫的熱鬧，他們在玩鬥草遊戲呢！

唐詩有固定的結構順序，通常都是依照由近而遠或由遠而近的原則安排的，這也就是為什麼唐詩讀來通常有開闊之感的奧祕所在。宋詩不再沿用這樣的順序，轉而讓不同的畫面或感受交錯出現，之間沒有必然的空間或時間關係，也沒有必然的因果關係，用這種方式創造出和唐詩不一樣的突兀、懸宕效果。那比較像是跳躍的鏡頭，有時甚至接近現代電影的「蒙太奇」（Montage）拼貼手法，讓讀者自己去聯想，建構詩句與詩句間的連結。

正因為唐詩的畫面鏡頭是有順序的，宋詩的特色就轉而要打破對這種順序的習慣期待。宋詩不是唐詩的流亞，也不是唐詩沒落後的產物，而是帶有挑戰唐詩、反對唐詩的精神而形成的新風格。

08 宋人愛用詩說理，人間事皆可入詩

清初吳喬是另外一位反對宋詩的文人，他曾說：

宋人詩集甚多，不耐讀，而又不能不讀，實為苦事。（《圍爐詩話．序》）

這話中有玄機。宋詩為什麼「不耐讀」？因為吳喬先入為主認定了唐詩為典範、標準，拿唐詩來衡量宋詩，當然不喜歡。不過顯然這份不耐煩有特別的意味，因為不是就此不讀宋詩，而是竟然覺得「不能不讀」，所以才抱怨讀得多麼痛苦！

討厭、不耐煩，那不讀不就好了嗎？為什麼還要勉強自己讀得那麼痛苦？「不能不讀」的理由在於他明白宋詩在搞花樣，要用和唐詩不同的方式寫詩，所以必須看看宋人到底在詩中放了哪些花樣，又能夠變出什麼花樣來？

宋代文人作詩的態度比唐人嚴格。唐詩有很多遊戲酬答之作，遵循格律依樣畫葫蘆，不需太費腦筋就能寫出。對宋人來說，寫詩卻是他的功課，是證明自己文人身分的一項必備能力。

而且宋代文人將詩運用得更廣，除了原本的酬答場合之外，幾乎只要是人間的、和語言表達有關的、適合用有規律的字句和聲音表達的，就都可以入詩。詩的範圍和文的範圍重疊得愈來愈多，能寫文章來表現的，差不多也就能換到詩上。

詩不只是抒情感懷的，詩還可以說理，說正常的儒家、理學之理，也可以說邏輯跳躍的禪理。嚴羽《滄浪詩話》中特別強調詩的重點在「興趣」，正就是有鑑於宋代文人太愛用詩講道理了。有哲理詩，也有政治詩和社會詩，任何道理都可以用詩的隱喻形式來記錄與傳達。

例如楊萬里的詩〈桂源鋪〉：

萬山不許一溪奔，攔得溪聲日夜喧。
到得前頭山腳盡，堂堂溪水出前村。

字面上只是自然景象的刻劃，卻在宋詩的說理精神籠罩下，理所當然被視為壓抑與反抗過程的隱喻，帶有濃厚的政治社會意涵。

詩有那麼多運用場合，再加上宋代文人的結社習慣，使得詩的產量增多。「江西詩派」的二十五位立派詩人又稱為「法嗣」，那是從宗教組織裡借用過來的詞語，他們互相掩護、互相應和、互相交換傳留作品，使得詩愈寫愈多。

吳喬說「宋人詩集甚多」，這是寫實之語。光是楊萬里一個人，一輩子就寫了兩萬首詩，到現在留下來的還有四千多首，這種規模也是一項特色。

09 南宋四大家，從江西體脫化一家之言

「江西詩派」在北宋成立、壯大，其影響貫通到南渡之後。南宋詩史上有「四大家」的說法——陸游、楊萬里、范成大，另外加上尤袤或蕭德藻。

尤袤曾說：

近世人士喜宗江西，溫潤有如范致能者乎？痛快有如楊廷秀者乎？高古如蕭東夫，俊逸如陸務觀，是皆自出機軸，亶有可觀者，又奚以江西為？（姜夔《白石道人詩集．原序》）

第一句話就顯示了南宋寫詩的人還是以「江西詩派」為主流，所以他才需要表現自己不以為

然的態度。他舉例，那些繼承「江西詩派」主流的詩人，有誰能寫得出像范成大那麼溫潤的作品？又有誰能寫得出像楊萬里那麼痛快的作品？還有蕭德藻的高古風格、陸游的俊逸性質，那都是個人特別培養發展出來的，沒有跟別人成群結隊，不是從詩社、詩派裡集體寫的。這樣豈不才更好，幹嘛大家都去擠搭「江西詩派」的列車？

這段話標舉出個人獨特風格，說得真好，只是一刀切開這四個人和「江西詩派」的連結，卻切得太乾淨了點。陸游有一首自敘詩〈九月一日夜讀詩稿有感走筆作歌〉說：

我昔學詩未有得，殘餘未免從人乞。
力孱氣餒心自知，妄取虛名有慚色。
四十從戎駐南鄭，酣宴軍中夜連日。
打球築場一千步，閱馬列廄三萬匹。
華燈縱博聲滿樓，寶釵豔舞光照席。
琵琶弦急冰雹亂，羯鼓手勻風雨疾。
詩家三昧忽見前，屈賈在眼元歷歷。
天機雲錦用在我，剪裁妙處非刀尺。
世間才傑固不乏，秋毫未合天地隔。

放翁老死何足論，《廣陵散》絕還堪惜。

很精彩地回顧、追溯自己寫詩的歷程。四十歲之前學寫詩，並沒有真正的心得，寫來寫去其實都像是乞丐般撿人家的剩飯殘羹。雖然已經有了詩人之名，但感到很心虛，自知內在是空的、沒有力道的，想起來就會臉紅，覺得慚愧。

後來從軍駐紮在南鄭，過著荒唐的軍旅生活，每天日夜遊宴玩樂，在酒樓裡喧鬧，旁邊還有歌舞伎相陪。音樂響起，琵琶發出如同冰雹亂降的聲音，胡鼓打出了暴風雨襲來的感覺，突然間頓悟了詩的祕訣，彷彿在眼前看到了屈原和賈誼。瞬間體會到真正的詩應該是自己從天然材料中去剪裁出來，而不是靠別人給的刀和尺，也就是不應該模仿、依循別人的方式。世間那麼多有能力的人，但每個人的一點點不同，在詩的表現上就會形成天差地別。那麼晚才找到自己的風格，個人生老病死變得不重要了，重要的是如果就這樣死了，這樣的風格會和《廣陵散》一般成為絕唱，那就太可惜了！

詩中寫出一個不容忽視的事實，那就是在四十歲「詩家三昧忽見前」的頓悟瞬間出現之前，陸游已經寫了很多詩，而那些他形容為「殘餘未免從人乞」的作品，都是跟隨「江西詩派」的。

再看楊萬里。前面提到他一生寫了兩萬首詩，有一部分今天不存的，是因為他自己毀棄了。照他自己的說法，到高宗紹興壬午年（一一六二年），也就是他三十五歲時，他將累積所作的一千多首詩「皆焚之」，理由是「大概江西體也」（〈誠齋江湖集序〉）。可見他在青壯年時寫的，也是依從「江西詩派」的風格，到近中年時才以激烈的態度轉折尋求不一樣的寫法。

清代紀昀等編的《四庫全書總目提要》中，說范成大是「追溯蘇、黃遺法，而約以婉峭，自為一家。」「婉峭」是他的獨特之處，不過要追溯來歷，他畢竟還是從蘇東坡、黃庭堅那裡傳承過來的，仍然逃不掉「江西詩派」的影響。

其實這幾位被尤袤特別標舉出來的「四大家」，他們的文學根基都還是站立在「江西詩派」上，但他們有足夠的才學與努力，得以從「江西體」另外脫化出一家之言。

10 江西詩派打倒時，詩的可能性也窮盡

到嚴羽寫《滄浪詩話》時，「江西詩派」盛況不再，轉成為應該被揚棄的錯誤示範。不過從時代的脈動上看，我們不能只注意到「江西體」被批判、被揚棄，還需肯定「江西體」能夠貫穿兩宋的巨大生命力。主要是「江西體」求新、求變、求拗的精神，提供了宋詩的能量，也維持了

詩這個文體的創造性質。

「江西詩派」沒落後，出現的並不是如嚴羽期待的，即回歸盛唐風格，開拓出下一個詩的創造潮流；毋寧是見證詩的終結，往下的詩就陷入因循反覆的狀態中，不再有大詩人，不再有主要形式與內容上的不同突破。

詩並沒有被唐人寫完、寫盡，唐人是將自己創立的唐詩規律發揮到極致，而宋詩接著在刻意突破唐詩體制與格律的用心中興起，進行了許多試驗。等到連標榜突破性的「江西體」都變成僵化的摹寫對象，而必須被打倒時，詩的可能性也就差不多窮盡了。個別詩人可以靠才華在此之後寫出好詩，然而作為一個集體文化現象，傳統詩不可能再有新的路徑、新的活力了。

南宋「四大家」中沒有姜夔，他的詩其實也寫得很好，也有特殊的風格。不過一般將他視為詞家，因為他在詞的創作上成就更高，掩蓋過他的詩名。姜夔的詩，其中一項突破成就，在於將詞的句法與情感表現習慣運用在詩中，可以說是「以詞入詩」的寫法。從獨特性上看，我認為姜夔詩的成就高過楊萬里和范成大。但他的情況正顯示了到這個時候，詞的創造性已經遠超過詩，要從詞那裡借來靈光，照耀衰頹的詩。

第七講

重讀宋詞

01 黃庭堅的相思之詞與春天之詞

先來讀一首詞：

把我身心，為伊煩惱，算天便知。恨一回相見，百方做計，未能偎倚，早覓東西。鏡裡拈花，水中捉月，覷著無由得近伊。添憔悴，鎮花銷翠減，玉瘦香肌。　奴兒。又有行期。你去即無妨我共誰。向眼前常見，心猶未足，怎生禁得，真個分離。地角天涯，我隨君去。掘井為盟無改移。君須是，做些兒相度，莫待臨時。（〈沁園春〉）

這是很簡單、很直白的相思之詞，用一種既撒嬌又耍賴的口氣講話，厭惡別離，希望將情人留住，到最後表現出山盟海誓的堅定情意。

猜猜看，這首詞的作者是誰呢？是黃庭堅。

如果讀完上一講並且讀進去了，留下了印象，你的反應應該是：「是黃庭堅?!怎麼可能是黃庭堅？」黃庭堅是宋詩的核心人物，相信並主張詩不能隨便寫，不能有一個句子不是想好了、找好了，可以挑戰格律、創造破格拗救方式然後才寫的。他怎麼會寫如此隨便無奇的詞？

再讀另一首詞：

瑤草一何碧，春入武陵溪。溪上桃花無數，枝上有黃鸝。我欲穿花尋路，直入白雲深處，浩氣展虹霓。只恐花深裡，紅露濕人衣。　坐玉石，欹玉枕，拂金徽。謫仙何處，無人伴我白螺杯。我為靈芝仙草，不為朱唇丹臉，長嘯亦何為？醉舞下山去，明月逐人歸。（〈水調歌頭．遊覽〉）

這是一首寫春天的詞，描述了春天的桃花和黃鸝鳥之後，轉到主觀的願望與感受，然後用了李白謫仙的典故，表示自己寧可學李白求仙，不重女色，最後帶些瀟灑意味地趁著酒意在月光下踉蹌回家。

這首詞又是誰寫的？也是黃庭堅。和前面那一首放在一起對讀，每個人心中應該都會浮現疑問吧？這真的是同一個人寫的？為什麼同一個人會寫出差別那麼大的兩首詞呢？

02 詞有強烈的文類個性，和音樂起源有關

要回答這個問題，首先又要回到「文類」的概念。在中國傳統文學中，「文類」的規範性很強，導致閱讀時必須有一番警戒，除非有特別的證據供我們掌握，否則不要輕易將任何作品當作是作者個人個性、心情或經驗的抒發描寫。

當黃庭堅的詞裡出現「把我身心，為伊煩惱，算天便知」，並不表示他自己被這樣的相思所苦；當他的詞裡出現「醉舞下山去，明月逐人歸」，也並不表示那個喝醉了在夜裡下山回家的，是現實裡的黃庭堅。

我們習慣用近、現代的觀點，先入為主地認定作品就是作者自我經驗與感想的抒發，但傳統文學作品卻常常不是這樣寫成的。黃庭堅之所以寫出那樣思念情郎的詞，當然不是因為他有一個情郎，甚至也不是他化身試圖去想像、去體會有情郎，以及要和情郎分別的滋味；而是詞這個文類有這種固定的主題，還有如何表現這種主題的固定手法。黃庭堅不過就是依樣畫葫蘆地寫了一首像模像樣的詞，如此而已。

詞有很強烈的文類個性，這和詞的起源有關。上一講曾經提醒：不能想當然耳地總是說唐

詩、宋詞，也應該意識到有唐詞、宋詩的存在。去看唐詞，也就是溯源地理解詞，就會明白「詞」這個名稱原本指的是「歌詞」。

韻文對應於散文，講究文字的音樂性，所有的韻文都含帶有一定的音樂性。不過由字句所構成的音樂性，畢竟和「歌」的音樂質感有著本質的差異。顯然，歌的音樂比文字的音樂更明顯、也更強烈。

中國韻文的形式，最早往往是和樂的，也就是本來有歌的根柢；然而因為文化中對於文字的高度重視，將文字的地位看得比音樂高，於是一旦有文人介入去寫任何別的形式，很快地文字就和音樂分離了。文字取得了獨立性，本來是配合音樂的聲調，就轉變為文字自身的抑揚頓挫、平仄錯落，構成了另一種音樂性。

古樂府詩本來是可以唱的，配合特定的音聲旋律。《古詩十九首》中有這一首：

生年不滿百，常懷千歲憂。
晝短苦夜長，何不秉燭遊！
為樂當及時，何能待來茲？
愚者愛惜費，但為後世嗤。
仙人王子喬，難可與等期。

有意思的是，在《樂府詩集》中另有這一首詩〈西門行〉：

出西門，步念之。今日不作樂，當待何時？夫為樂，為樂當及時。何能坐愁怫鬱，當復待來茲。飲醇酒，炙肥牛，請呼心所歡，可用解愁憂。人生不滿百，常懷千歲憂。晝短而夜長，何不秉燭遊。自非仙人王子喬，計會壽命難與期。自非仙人王子喬，計會壽命難與期。人壽非金石，年命安可期。貪財愛惜費，但為後世嗤。

對照看就明白了，兩首詩有很多重複的內容，部分的句子幾乎一模一樣，兩首詩的主要意思也是相同的。差別在哪裡？在於後面一首比前面一首囉嗦，「自非仙人王子喬，計會壽命難與期」這兩句竟然重複了兩次。是抄錯了嗎？

當然不是，在《樂府詩集》裡有很多類似的重複詩句，我們知道是來自歌唱時的反覆，在《樂府詩集》中照原樣保留了下來。不過到了《古詩十九首》，就被有意識地精簡、修改過了，而修改之後，從不整齊的歌的形式變成了整齊的五言詩，其地位與影響也隨之升高。

03 從入樂襯字到倚聲新詞

詩在唐朝發展到極致，原來的古詩讓位給格律更加嚴謹的近體詩，也就意味著詩和音樂、和歌愈離愈遠。而在同一段時間裡，唐代社會上出現、流行的音樂卻愈來愈發達，也愈來愈複雜，因為增添了「胡夷里巷之曲」（《舊唐書．音樂志三》），也就是外國的音樂元素。外國的樂器以及相應擴展的樂曲，先是在城市中流行起來，逐漸一路傳進鄉間，高度普及了音樂。

從六朝到唐朝，音樂的豐富程度不可同日而語。從樂器的製造、使用，到樂理及音樂的創作手法，乃至對於音樂的思考，唐朝都因為有著西域音樂的刺激而得到高度的進步。人的耳朵會追求並適應美好的聲音，聽慣了複雜多變化的音樂，就很難回頭滿足、適應比較「單調」的聲音。看看我們今天如何使用「單調」這個形容詞就明白了，習慣有「複調」、「多調」的音樂之後，聽到只運用一個調、都在同一個調上的音樂，就會油然生出「單調」的厭倦之感。

於是在唐代出現了相反的發展：音樂變得愈來愈複雜多變，也就愈來愈自由；詩卻愈變愈多限制、愈來愈不自由。其結果就是詩無法入樂。格律固定的詩無法用在自由多變化的音樂上，也就是如果要配合音樂唱歌的話，就必須在詩之外去尋找、去創造同樣自由多變化的歌詞。

要讓詩配合詞，最原始的方式就是拉長其中的某一些字，或者加入一些沒有意思的聲音，像是咿、啊、嗯什麼的。不過這種做法破壞了原來的詩句結構，會讓人聽不懂詩句的內容。句子散掉了，聽半天不知道歌詞到底在講什麼，就失去了承載、傳達意義的功能。

所以新的做法是，將這些多增加出來的音變成「襯字」。雖然不是原本詩句中有的字，但加上去之後，一方面可以配合複雜變化的曲調，另一方面又可以幫助我們聽懂原來的詩句內容。

唐玄宗熱愛音樂，而且他也寫詩，樂工就將他寫的一首〈好時光〉譜成了歌曲。唐玄宗寫的是很簡單通俗、也很整齊的五言詩：

寶髻宜宮樣，臉嫩體紅香。
眉黛不須畫，天教入鬢長。
莫倚傾國貌，嫁取有情郎。
彼此當年少，莫負好時光。

不過等到要入樂歌唱時，歌詞變成了：

寶髻偏宜宮樣，蓮臉嫩，體紅香。眉黛不須張敞畫，天教入鬢長。　莫倚傾國貌，嫁取個，有情郎。彼此當年少，莫負好時光。

中間加了幾個字——「偏」、「蓮」、「張敞」、「個」，句子意思完全沒改動，然而句法卻從原本固定的五言，轉成了有六言、有三言、有七言的錯落變化，也就可以配合、運用比較婉轉多變化的音樂，同時聽起來更可以清楚地明白句子的意思。「偏」、「蓮」、「張敞」、「個」這幾個字就是「襯字」。

加這些「襯字」的，通常不是寫詩的人，而是那些將詩拿來入樂的樂工，他們才知道需要在哪裡加「襯字」，要怎麼加才能既配合音樂，又讓詩的意思襯托、表現出來。不過有時也因為是樂工加的而出了問題。

像是流傳的故事中，有詩人在酒樓上聽見歌女唱自己的詩，本來很高興，但愈聽愈不對勁，因為他寫的詩的標題是「舞春風」，可是歌詞裡面竟然出現了「黃葉落」！明明是寫春天的詩，卻莫名其妙出現屬於秋天的描述，那顯然是樂工或歌女為了演唱合樂方便而隨意加上去的。

如何解決這種問題呢？那就必須要有「原創歌詞」，在那個時代叫做「倚聲新詞」。也就是在已經知道要配合什麼音樂的情況下，依照音樂旋律而填寫的歌詞，這也就是我們今天所稱的「詞」。

04 閨怨詞：公開與私密間的誘惑力

「倚聲新詞」不是用寫好的詩去套用、去加襯字改造的，而是先確知音樂才寫的，所以音樂在前，文字在後。我們必須知道唐詞，因為「詞」是在唐代音樂發展中產生的，是因應音樂需求才會有的。

「倚聲新詞」改變了原來的歌樂關係。詩是以文字形式獨立創作的，然後再被轉成歌詞來演唱。現在卻是樂工先寫好了固定的音樂，旋律、樂句、段落、節奏都有了，而且通常這樣的音樂被證明很有吸引力，是當時受歡迎的曲調，大家都愛聽，在這個基底上配合填寫歌詞，讓這樣的音樂可以不斷傳唱。曲調是一樣的，但配上不同的詞，就變成了不同的、新的歌。

所以「倚聲新詞」的核心基礎是「詞牌」。從唐代一直到北宋中期，一首「詞」是沒有自身獨立標題的，〈酹江月〉、〈蝶戀花〉、〈菩薩蠻〉、〈浣溪沙〉等等，這些都不是詞的標題，而是「詞牌」的名稱，告訴人家這首歌詞是按照哪一首樂曲寫的，要配合哪一首樂曲來唱。

「詞牌」的音樂規定有的句子長、有些句子短，音樂中有連音、有斷奏，限制很嚴，所以不叫「寫詞」，而叫「填詞」。也就是必須完全依照既有的長短變化，以及音高起伏所規定的平仄聲調，將一句一句詞填上去。

詩和詞還有一項根本的差異：詩是詩人以自己的身分、自己的立場寫的，有時也會自己來吟誦；然而詞卻絕對不是給寫詞的人唱的，詞是要配合音樂、由專門唱歌的人拿去演唱。而最常見唱歌的人是職業歌女，所以「倚聲新詞」就還要考慮到這一點，要寫適合由歌女演唱、可以唱得動人心弦的內容。

很明顯、也很有趣的是，即使由男性來填詞，都必須轉用女性的口氣，傳達女性的心情，不然詞從歌女口中唱出來就不對勁了。應該說，如果不是以女性身分、女性立場寫成的詞，大概就沒有歌女會願意唱，也就無法流傳了。

唱歌的是女人，而會特別喜歡聽女人唱歌的多半是男人。因而最受歡迎的歌唱方式，當然是女人含情脈脈對著男人唱出思念、愛慕的話語，聽得男人神魂顛倒。藉由音樂的中介、掩飾，這種歌能夠突破既有的社會行為規範與一般的主、被動安排，表現出女性對男性的情意與慾望。

這個領域中最發達的是「閨怨」主題。「閨怨」，顧名思義，是發生在閨房的私密空間中，甚至是發生在閨女自己的心裡，但因為有歌，歌女就能夠將這樣的私密情緒公開表達出來，在公開與隱藏的弔詭關係中，產生了最大的誘惑吸引力。

「倚聲新詞」這個文類於是有著高度的曖昧性——由歌女來唱、來演出私密思念，但那些歌詞卻往往出於男人之手，也就是男人投射想像女人會如何慾望男人、需求男人。這個傳統淵遠流長，從五言詩一直到近代的鴛鴦蝴蝶派小說，而尤其以「詞」為其高峰。

放在這個傳統背景下，我們才能體會前有李清照、後有張愛玲的突破重要性。她們兩人都是以女人的身分寫女人的情感，將本來由男人代理、代言的狀況逆轉過來。從一個角度看，女人的心情由女人來寫，不是天經地義嗎？然而換另一個角度看，她們卻都是離經叛道的特例，打破了原本在「詞」和鴛鴦蝴蝶派小說領域中，由男人壟斷女性聲音的情況。

05 五代的荒淫宴樂，給予詞的發揮空間

因為是來自音樂、歌唱，所以「詞」的發展明確地受到歌樂場合的影響。在有歌宴的環境，尤其是有男人娶妾招妓風氣的時代或地方，最有利於「詞」的開拓。相對地，在沒有這種風氣，缺乏繁華淫蕩享受條件的時代或地方，「詞」也就沒有太大的發揮空間。

「倚聲新詞」在唐代因音樂而出現，接著到了五代，得到了進一步發揮的機會。唐末到五代局勢動盪，社會倫常約束持續毀壞，有權力、有資源的武人更沒有遵守倫常約束的動機。

後唐莊宗李存勗喜歡音樂，能夠自己填詞，但他不是唐玄宗，他不是去培養梨園弟子來唱歌跳舞演戲，他是要帶部隊到處打仗的。《舊五代史．唐書．莊宗本紀八》中，就說他「其後凡用軍，前後隊伍皆以所撰詞授之，使揭聲而唱，謂之『御製』。」有點荒唐啊，皇帝寫了歌，叫前後後部隊都要唱，而且是大聲唱。可見音樂流傳之一斑。

不過五代時「詞」的流行主要不在中原，而是在戰爭破壞沒有那麼嚴重的後蜀和南唐。後蜀和南唐都地處偏僻，而且都有懂得如何逃避現實的國君，外面打得一塌糊塗，他們也能盡量關起門來過好日子。

戰爭打得一塌糊塗所引發的效果，就是社會解紐。尤其在生死難測的環境下，人們失去了繼續維持倫常、壓抑欲望的動機，因而使得五代時期出現了許多越軌誇張的行徑。例如南唐留下了一幅美術史上的名作「韓熙載夜宴圖」，那是一組五張的連環圖畫，其來歷極為奇特。「韓熙載夜宴圖」是顧閎中受南唐皇帝之命畫的，而皇帝的動機是因為知道大臣韓熙載家常常請客，所辦的宴會人人趨之若鶩，有許多關於宴會景況的傳言。皇帝很是好奇，卻礙於身分不能親自赴宴，於是就要顧閎中當間諜，去窺伺韓熙載如何請客、如何狂歡，一五一十用畫面向皇帝報告。

韓熙載是降臣，投降南唐後一度被重用，但後來卻疏遠朝廷，縱情聲色。所以皇帝的用意除了好奇之外，或許也有要打探韓熙載是否別有陰謀的成分。韓熙載的夜宴展現出來，最大的特色在「男女猱雜」。用犬字邊的「猱」來形容，那就不只是男女雜坐著飲酒吃飯了，而是召來許多

歌妓，在音樂和酒食間賓主盡歡。

「韓熙載夜宴圖」所顯現的，不是韓熙載家特別荒淫，毋寧反映了當時南唐皇室、官家的風格。

南宋陸游的筆記《避暑漫抄》抄了這麼一段故事：

> 李煜在國，微行娼家，遇一僧張席，煜遂為不速之客。僧酒令謳吟吹彈，莫不高了，見煜明俊蘊藉，契合相愛重。煜乘醉大書右壁曰：「淺斟低唱、偎紅倚翠大師，鴛鴦寺主，傳持風流教法。」久之，僧擁妓入屏帷，煜徐步而出，僧、妓竟不知煜為誰也。煜嘗密諭徐鉉，鉉言於所親焉。

說南唐皇帝偷偷去造訪娼家，遇到有一個和尚包場，皇帝不想走，還是闖了進去。身分雖然是和尚，但這傢伙對於玩的把戲幾乎樣樣精通，能喝酒、能行酒令、能吟詩唱歌，也能吹彈樂器。和尚看皇帝長得好看又有氣質，兩個人初見面卻相處得很好。喝醉了，皇帝就在牆壁上寫字調侃和尚，稱他為「淺斟低

「韓熙載夜宴圖」，北京故宮博物院藏

唱、偎紅倚翠大師」，說他主持的是「鴛鴦寺」，而他所信持傳播的則是「風流教法」。後來，和尚攬著妓女到屏風帷幕後的私密空間裡去，皇帝這才離開。直到他離開，和尚和妓女都不知道他的身分。

陸游還告訴我們，這故事是從徐鉉那裡傳出來的，表示有所本而且可信，因為徐鉉是跟著李煜從南唐投降宋朝的。

這位拜訪娼家的南唐後主李煜，也就是在文學史上最早留下「詞」的經典作品的大作家。而他之所以能有文學上的突破成就，正因為從這樣的荒淫環境中熟悉了當時的歌與「詞」。而在失去皇帝地位、淪為宋朝降臣後，感於生活上的巨大差異，在徹底失去尊嚴的情況下，將原本用於飲酒尋歡場合的「詞」，轉而拿來寫悲憤心情，寫出了完全不一樣的「詞」，改變了「詞」的輕浮、遊樂性質，有了承載深刻內容的可能。

06 李後主詞：銷魂、愁恨和「我」綁在一起

後蜀則有《花間集》。這本最早的詞集裡，不只收錄五代的作品，也放入唐代的詞，不過重要的編輯原則是依照詞人的身分，收的大都是西蜀地區作者的作品。

胡適在《白話文學史》中主張，應該將《花間集》視為集體創作，也就是其中個別的作者並不重要，重要的是他們共同創造出來的這個文學現象。《花間集》裡的作品沒有個別標題，都只標示了詞牌；再者，《花間集》裡的作品到底是誰寫的幾乎沒有差別，他們都是按照這幾個詞牌既有的規格，將適合的字句填進去，不只是聲音和字數安排，就連要描述和要表達的，也都不需要變化。

到了北宋，《花間集》幾乎成為教科書，其作用不再是提供讀者對於「詞」的欣賞和領會，而是讓想要學寫「詞」的人，可以翻開書，找一個詞牌，就按照其中任何一首作品，配合其規律找字填進去就好了。

相較之下，南唐至少出了三位重要的詞家，其中兩位是帝王——南唐中主李璟和後主李煜，另一位是在他們兩位朝中先後當官的馮延巳。

從唐詞到「花間詞」，歌女唱出來的一概是千嬌百媚，一概是痛苦思念。馮延巳則寫出了比較不一樣的詞，例如他的〈采桑子〉：

馬嘶人語春風岸，芳草綿綿。楊柳橋邊，落日高樓酒旆懸。　舊愁新恨知多少，目斷遙天。獨立花前，更聽笙歌滿畫船。

維持了曲調，保留了「舊仇新恨」的感懷，但這首詞是性別中立的，不是一眼看來就只能出自女性的聲音。這詞可以給歌女唱，卻也可以表達男性的情感，不像其他詞作的男性作者隱藏在假造的女性身分後面，反而和作者本身有比較緊密的關係。

馮延巳的詞對歐陽修有很大的影響，是從唐詞到宋詞的重要轉折與連結，這是他的文學史地位。不過，地位比他更高的是李後主。李後主的作品明顯分為前、後期，在風格、內容、意義上都很不一樣。前期的他是南唐君主，定都在金陵，坐擁江南財富，因而國雖小卻絕不窮。宋朝建立之後，有一段時間也不急著攻打南唐，只要南唐願意付錢，也能幫助宋朝支應立國所需。不打南唐還有另一個理由，就是後主全無政治野心，沒有要擴張領土，也不會和宋朝為敵。

李後主前期的代表作，如這首〈菩薩蠻〉：

花明月暗飛（或作「籠」）輕霧，今宵好向郎邊去。衩（或作「剗」）襪步香階，手提金縷鞋。畫堂南畔見，一向偎人顫。奴為出來難，教君恣意憐。

這是明顯從女性角度寫的幽會偷情經驗，其實是依隨原本詞的慣例寫的，從文學上說，頂多就是熟練並大膽，遊走在色情描述的邊緣，引發聯想，並沒有太特殊的成就。但因為被附會上李後主的「大小周后」故事，被當作描寫妹妹去照顧生病的姊姊時和皇帝姊夫的不倫私情，而吸引了許多注意。

李後主的文學突破出現在後期，也就是南唐國滅，投降宋朝，被宋太祖帶有屈辱惡意地封為「違命侯」時。從一國之君到俘虜降臣，這無疑是很大的打擊、人生的重大挫折。針對這段經驗，李後主寫了〈渡中江望石城泣下〉：

江南江北舊家鄉，三十年來夢一場。
吳苑宮闈今冷落，廣陵臺殿已荒涼。
雲籠遠岫愁千片，雨打歸舟淚萬行。
兄弟四人三百口，不堪閑坐細思量。

那是如何不堪的行旅行列啊！原本帝王家的四兄弟，連同三百名家人，一起被送往北方，回頭看看舊時宮殿所在，沉痛萬分。值得注意的是，這不是詞，而是七言律詩。在那個時候，要寫那樣的深痛題材，李後主還是很自然地選擇了詩而不是詞，因為詞不是雄渾深刻、可以反映男性心境的形式。國仇家恨和「詞」是搭不上、不相干的。

李後主也是最早將不是歌女私情的內容裝入「詞」的形式中。像是這首〈相見歡〉：

林花謝了春紅，太匆匆！無奈朝來寒雨晚來風。　胭脂淚，相留醉，幾時重？自是人生長恨水長東。

這是精彩的曖昧過渡，和馮延巳的作品有異曲同工之妙，一方面承襲了女性思念郎君的哀怨口氣，卻淡化了性別；另一方面則加入了比較真誠的個人情懷。下一步就是將個人情懷再放大，更強化詞中的個人性。看這首〈子夜歌〉：

人生愁恨何能免，銷魂獨我情何限。故國夢重歸，覺來雙淚垂。　高樓誰與上，長記秋晴望。往事已成空，還如一夢中。

說「故國夢重歸」，那就不會是歌女的經驗，於是「銷魂」之恨就緊緊和寫詞的這個「我」綁在一起。雖然開頭第一句說「人生愁恨何能免」，所有的人都免不了在人生中感到愁與恨，但最終顯現出來的，是作者個人既獨特又孤獨、無法和別人分憂（「高樓誰與上」）的痛苦。他從夢中醒來，發現自己夢回故國，之後望著現實的晴空，意識到故國的一切都是回不去的往事，多麼希望自己能再回到那樣的夢境裡。

07 「庭院深深深幾許」，承襲南唐詞的歐詞

王國維在《人間詞話》中特別標舉李後主，說：「詞至李後主而眼界始大，感慨遂深。」意思是在李後主之前，「詞」是一種很狹窄、很有限的文類，寫來寫去只有那麼一丁點內容；而李後主有效地開拓了「詞」的領域，以他的作品改造了「詞」寫感情的方式，不只能寫不同經驗所刺激出的感情，而且能寫不同層次的感情。

後蜀和南唐投降，這是「詞」在宋代發展的一項刺激因素。尤其到了真宗、仁宗時代，國家

安定了，城市快速成長，商業繁榮，使得居住在城裡的人擁有愈來愈豐富的生活。《花間集》和李後主的作品是宋詞的基礎，然而在宋代文人文化的條件下，「詞」還需要經過另一番改造，才能站穩腳步。宋朝從五代的廢墟中興起，對於任何源自五代、或五代時所流行的事物，有著普遍質疑、保留的態度。甚至對應五代的武人亂象，宋朝新興了講究嚴格道德約束的「道學」。

「詞」能在北宋發展，一部分有賴於連續出現了幾位愛好音樂的皇帝，從真宗、仁宗到神宗、徽宗都是。音樂的流傳，詞牌曲調的傳唱，相當程度上抵銷了道學對於象徵五代遺風的「詞」從倫理道德上而來的反感。到後來，正因為道學在文人間愈來愈流行，其氣焰愈來愈高，其態度也愈來愈絕對，反而使得部分文人需要情慾的發洩出口。

皇家支持、文人需要，所以就先將「詞」中比較香豔、干犯倫常的部分修整掉，留下相對比較柔美、浪漫的部分。像是這樣的作品：

紛紛墜葉飄香砌。夜寂靜，寒聲碎。真珠簾捲玉樓空，天淡銀河垂地。年年今夜，月華如練，長是人千里。
愁腸已斷無由醉。酒未到，先成淚。殘燈明滅枕頭攲，諳盡孤眠滋味。都來此事，眉間心上，無計相迴避。（〈御街行〉）

這是誰寫的詞呢？作者是范仲淹。當過宰輔的名臣，還曾經是領軍對抗西夏的名將，寫過氣魄豪邁的名言「先天下之憂而憂，後天下之樂而樂」，立下宋朝士人責任意識的范仲淹。

再看這一首〈蝶戀花〉，作者是歐陽修：

庭院深深深幾許。楊柳堆煙，簾幕無重數。玉勒雕鞍遊冶處，樓高不見章臺路。　雨橫風狂三月暮。門掩黃昏，無計留春住。淚眼問花花不語，亂紅飛過鞦韆去。

不只是范仲淹，還有歐陽修、晏殊、晏幾道等人，他們依隨著南唐的風格寫詞，很快掌握了詞牌的規定，也就很容易寫出這樣的〈蝶戀花〉。

也是在《人間詞話》裡，王國維評斷歐陽修的詞之所以寫得好，因為都是學馮延巳的。也就是說，很多今天被視為歐陽修的代表作，而被傳留下來、被推崇的詞，其實不是真正的宋詞，毋寧是因為後來的人不讀唐詞，對五代詞也不熟悉，所以將歐陽修承襲自馮延巳的寫法，當作是歐陽修的文學成就。

歐陽修的詞收集在《醉翁琴趣外篇》中，書名就表示了這是依託音樂而來的，是音樂的副產品。長期以來，不少人懷疑過《醉翁琴趣外篇》不是歐陽修寫的，是有人偽造假託的。最誇張的說法認為這是歐陽修的政敵、仇家為了毀謗他而造的。主要理由是從文風上看來和歐陽修的其他作品很不一樣，更重要的，這些作品裡充滿了「浮豔之詞」，看起來作者像是個輕薄無行的人，和歐陽修太不一樣了！

其實，那都是從南唐詞模仿、延續下來的，范仲淹寫這樣的詞，歐陽修也寫這樣的詞。

08 柳永創慢詞，提高了詞的敘事功能

順隨南唐詞風格的高峰是晏幾道，然後才分兩條路線，出現了真正的宋詞。一條路線是由張先和柳永開發出來的，他們的特色是創造了「慢詞」，其中最有名的詞牌就叫做「聲聲慢」。張先和柳永都是音樂出身，他們具備了「自製新曲」的本事，可以不必套用既有的詞牌，自己作曲，然後再自己作詞，同時也將自己做好的曲調給別人填詞。

他們新寫的曲調，和之前從後蜀或南唐傳來的有著根本的差異。原先的詞牌大抵是「小令」，長度不長，句子數量不多，也就沒有什麼結構上的安排或設計，最普遍的是形式上重複的前後兩段體。新的音樂中出現了「長調」，篇幅變長了，同時也變「慢」了。

當時號稱「凡有井水處即能歌柳詞」（葉夢得《避暑錄話》），這句話形容的其實不是到處都有人在讀柳永的詞，毋寧是到處都有人在唱柳永的歌，柳永是當時最受歡迎的流行創作樂手。柳永的歌那麼受歡迎，一部分理由在於他大量運用俗字俚語在歌詞裡。他和張先援引了另外一種資源進入「詞」中，那就是民間的歌唱，包括歌詞與曲調。

後蜀和南唐的詞，主要來自青樓歌妓，主要用於宴會娛樂，所以後來刺激了參與宴遊的文人幫忙填寫新詞。但在此之外，每個時代、每個社會都有傳唱於一般民間，從民間生活多元情境中而產生的歌，與歌女無關，也與文人無關。作為音樂創作者，張先、柳永汲取了這部分的滋養，轉化放入他們的歌中，注入了新的精神與新的活力。

在敦煌保留下來的文件中有這樣的詞，看起來不會和青樓有關，顯然是來自民間，接近民歌性質的：

> 作客在江西，寂寞自家知。塵土滿面上，終日被人欺。朝朝立在市門西，風吹淚點雙垂。遙望家鄉長短，此是貧不歸。（〈長相思〉）

沒有太多修飾地抒發了人在異鄉的悲哀，是唱給離鄉背井之人聽的歌。這樣的歌在社會底層一直都有吧。不過到了北宋中葉，由於城市的發展，不同的人聚集在此，產生了較為活潑熱鬧的社會流動現象，讓像張先、柳永等人得以接觸並吸收民歌的養分，放入新創的「詞」中。新興的慢詞比小令句長且複雜。試看柳永這一首〈鶴沖天〉：

黃金榜上，偶失龍頭望。明代暫遺賢，如何向。未遂風雲便，爭不恣遊狂蕩。何須論得喪？才子詞人，自是白衣卿相。

煙花巷陌，依約丹青屏障。幸有意中人，堪尋訪。且恁偎紅倚翠，風流事、平生暢。青春都一餉。忍把浮名，換了淺斟低唱！

這等於是他的自敘，描述參加科考失利，沒有了金榜題名的希望，該怎麼辦呢？隨便啦，乾脆就放蕩遊樂，別論得失了吧！幸好還有情場可以混跡，將自己藏身在寫詞、畫畫的活動中，有情人相伴，得享風流，如此度過青春時節。放棄功名，換來酒與歌。

他是追求功名不順遂，轉而變成了一個專業的音樂人。「慢詞」將音樂的規模放大，同時也將速度放慢，於是音樂上的表現力增強了，相對地歌詞也有了更大的空間，能夠離開舊窠臼，轉而寫作者感懷，或是細膩描述景物或故事。「慢詞」提高了「詞」的敘事功能。

柳永創作過一個新的詞牌「望海潮」，用這個詞牌寫了這樣一首詞：

東南形勝，三吳都會，錢塘自古繁華。煙柳畫橋，風簾翠幕，參差十萬人家。雲樹繞隄沙。

怒濤捲霜雪，天塹無涯。市列珠璣，戶盈羅綺，競豪奢。　重湖疊巘清嘉。有三秋桂子，十里荷花。羌管弄晴，菱歌泛夜，嬉嬉釣叟蓮娃。千騎擁高牙。乘醉聽簫鼓，吟賞煙霞。異日圖將好景，歸去鳳池誇。

哇，這是對錢塘這座城市的精巧鋪陳與描述啊！從歷史到人口、到自然景觀、到商業繁榮的民風、到城內的季節植物、到娛樂的熱鬧狀況，盡皆入詞。據說這首詞傳到了北方，金主完顏亮深受感動、大為嚮往，終於忍不住發兵南下，要來看看這美好的南方。

傳說不必然為真，但充分顯現了這種詞從形式到內容有多麼新鮮，讓當時的人留下了多麼強烈的印象。

09 蘇詞：將詩的題材和關懷帶進詞裡

給「詞」帶來重大變化的另一位大家是蘇軾。李清照在〈詞論〉中曾經說：

至晏元獻、歐陽永叔、蘇子瞻，學際天人，作為小歌詞，直如酌蠡水於大海，然皆句讀不葺之詩爾。

先是誇讚晏殊、歐陽修、蘇軾等人有大才又有大學問，卻竟然來寫「詞」這種小把戲，這中間的規模氣量大小，簡直就像是用瓜瓢舀出來的水和大海之間的差異啊！不過重點在結語，用這種大才寫小巧嫵媚的詞，結果是寫出一堆長長短短、句子不整齊的詩罷了！

其實也就是說：這些人根本不會寫詞！尤其是蘇軾，他寫的不是真正的詞，而是變形的詩。為什麼不是真正的詞？首先，蘇軾的詞「不協音律」，他不管人家原先詞牌的音樂長什麼樣子，只管詞牌上的字句數和平仄，所以寫了很多沒辦法唱，或是唱起來很怪、很彆扭的詞。

最怪、最彆扭的，是將旋律柔美委婉的詞牌，填上了或雄偉或豁達的詞；還有將音聲小巧可愛的詞牌，填上莊重的或說理的詞。如此就不成歌，沒辦法唱了。這也就指向之所以不是真正的詞，是因為蘇軾打破了、甚至完全不理會既有填詞的慣例，在語法和語氣上都不一樣。

陸游曾經為蘇軾辯護，他在《老學庵筆記》中說：

世言東坡不能歌，故所作東府詞多不協。晁以道謂：「紹聖初，與東坡別於汴上，東坡酒酣，自歌〈古陽關〉。」則公非不能歌，但豪放不喜剪裁以就聲律耳。

一向的說法都是蘇軾不會唱歌，沒有音樂天分，所以他寫的詞很多都不合音律。但不對啊，有晁以道留下的資料，他在送別蘇軾時，聽到蘇軾酒後唱的歌，蘇軾是能唱的。幹嘛特別為蘇軾辯駁能唱歌呢？為的是強調：蘇軾的詞之所以「不協音律」，是「不為也」非「不能也」，出於他不願意拿內容去配合音律的創作原則。

無論理由是什麼，蘇軾的詞不能唱是事實。也就是說，他的「詞」不再是歌詞，而是獨立於詞牌的音樂律則之外，擺明了沒有打算要讓人家拿去唱。他寫出了只為在文字上表現，只存在於紙上的一種新型態作品。

蘇軾詞的獨特性還表現在他喜歡在詞牌之外另下標題。這和他不那麼重視音樂，也就不覺得詞牌那麼重要有關。他最有名的詞〈水調歌頭〉，就有一小段附記作為標題：「丙辰中秋，歡飲達旦，大醉，作此篇，兼懷子由。」這很明顯是將詩的標記方式挪用到詞上了。

還有一首同樣有名，以「大江東去，浪淘盡、千古風流人物。故壘西邊，人道是、三國周郎赤壁」開頭的詞，詞牌是〈念奴嬌〉。詞牌名滿是濃濃的青樓味，和蘇軾寫的內容多麼不搭調啊！蘇軾便給這首詞另外一個標題：「赤壁懷古」。

蘇軾開始寫從來就沒打算給人家唱的詞。李清照是對的，這樣的詞的精神與意趣都是從詩那裡來的。還有，蘇軾的確帶著遊戲的態度，看中的是在字句安排上，詞比詩自由。幹嘛每一句都要寫得同樣多字，那麼整齊多拘束啊，可以有長有短很好啊！如此「以詩意作詞」，那也就不再是「填詞」了，而成為另一種很不一樣的創作活動。

蘇軾將詩的題材和關懷帶進詞裡，於是許多原本也沒那麼愛唱歌，對音樂沒那麼有興趣的文人，就發現自己也可以寫詞了。藉此，蘇軾開出一條新路來，因為有蘇軾走在前面，他清楚示範了打破文類的音樂限制後，如此取得的自由能夠如何運用。

10 周邦彥的「犯」調和「六醜」

這一講最前面所引用黃庭堅的第二首詞（頁一八七），之所以那樣寫，因為他模仿蘇軾，連詞牌都用了〈水調歌頭〉。在詞的創作上，黃庭堅沒有自己的主張，隨波逐流，可以寫很傳統的歌女之詞，可以寫夾雜民歌般俗語的詞，也可以寫那種不顧慮音樂性的詞。

也就是他一方面可以像柳永，另一方面又可以像蘇軾。柳永是一派、蘇軾是另一派，他們構成了北宋詞的主流。

柳永、張先這一派發展得很好，連續出現了幾位重要的作者。蘇軾那一派相對比較困難，因為要發抒個人經驗與感受，那麼先決條件是寫詞的人必須是個精彩的人，如果沒有獨特的經驗或感受，如何能撐得起高度個人性的作品？蘇軾當然是個精彩的人，但能找得到幾個像他那麼精彩的人？

柳永、張先他們則是改革了舊規律，創造了新規律，供後來的人學習並當作基礎。這條路上，在他們之後有周邦彥。周邦彥是一個流傳很廣的筆記故事（見南宋張端義《貴耳集》）中的主角，說他有一次在汴京名妓李師師那裡，卻遇見了徽宗皇帝也來找李師師，情急之下，周邦彥只好躲到床底下，於是偷聽到皇帝和李師師的私語。他從偷聽來的內容中得到靈感，竟然也就捨不得不用，把它寫成了詞，[10]還讓李師師唱給皇帝聽。皇帝一聽，立即領會發生了什麼事，憤而將周邦彥貶出京城。

有一天，皇帝又去找李師師，李師師不在，等了好久她才回來，而且一看，臉上的妝明顯哭花了。皇帝一問，李師師誠實回答，說是送周邦彥出京去了。皇帝又氣餒、又無奈、又心疼，就問：「那傢伙最近還有什麼作品？」李師師就將周邦彥的新作〈蘭陵王〉唱給皇帝聽。皇帝聽完後說：「唉，去把他找回來吧！」

周邦彥是音樂大才，又得到皇帝的支持，在皇宮中掌管音樂。他承襲柳永、張先的風格，將慢詞寫得極精到，又將這種風格予以高度文人化，去其俚俗的部分，在文字上運用得更細緻。

他不只創作新的詞牌，對於中國近世音樂在觀念上的開發也有很大貢獻。例如他的〈花犯〉、〈玲瓏四犯〉中的「犯」，這種樂曲形式就是在他手中建立了固定的運用。「犯」是在同一首樂曲中出現不同的調，「冒犯」了原本的調性。也就是西方音樂裡「轉調」的用法，突破規律，豐富了樂曲內容。

他又作過一首曲子，稱為「六醜」，指的是音樂前後轉調六次。「六醜」搭配的詞也很不一樣，看一下周邦彥的〈六醜．薔薇謝後作〉：

> 正單衣試酒，恨客裡、光陰虛擲。願春暫留，春歸如過翼，一去無跡。為問花何在？夜來風雨，葬楚宮傾國。釵鈿墮處遺香澤。亂點桃蹊，輕翻柳陌。多情為誰追惜？但蜂媒蝶使，時叩窗隔。

光是看字句長短變化，再按照字詞劃分唸出來，馬上能感覺內在的多轉折音樂特性。而這還只是第一段，後面第二段的音樂又和第一段不完全一樣，並不重複：

10 據《貴耳集．卷下》，這首詞就是周邦彥的〈少年遊〉：「并刀如水，吳鹽勝雪，纖手破新橙。錦幄初溫，獸香不斷，相對坐調笙。低聲問：向誰行宿？城上已三更。馬滑霜濃，不如休去，直是少人行。」

東園岑寂，漸蒙籠暗碧。靜遶珍叢底，成嘆息。長條故惹行客。似牽衣待話，別情無極。殘英小、強簪巾幘。終不似一朵，釵頭顫嫋，向人欹側。漂流處、莫趁潮汐。恐斷紅、尚有相思字，何由見得？

詞意中傳遞了黃昏時節的寧靜，靜中聽見眾多似有似無的聲音，感覺都像是嘆息。配合這種靜悄悄卻又帶有微刺的情境，周邦彥選擇使用的字句，即使今天用國語唸，都還是可以感受到舌頭的快速動作，絕對不是寬和開放的發音。

柳永這一路，在北宋到了周邦彥登上了巔峰。

11 以文為詞、語句解放的極致代表辛棄疾

在北宋和南宋之間，出現了另一位大詞家李清照。除了前面提過她獨特、帶有曖昧性的女性身分之外，李清照還發揮了關鍵的過渡作用。詞發展到周邦彥，如此文雅、如此華麗漂亮，而且

又回到音樂的軌道上，配上更精緻、更豐富的音樂。然而北宋末年的亡國感，刺激了詞的進一步變化。到這個時候，詞已經大幅擴張其表達性，足以承載國仇家恨的流離與痛苦。相對地，宋詩被求新、求奇的精神籠罩著，反而不再那麼方便真誠地呈現這種切身時代性。

於是從李清照過渡到南宋的新風格，也就是讓蘇軾的那一路有了突破的機會。相較於詩，也相較於北宋的詞，南宋的詞比較自然，也比較熱情、比較激動。激動中不會有餘裕去顧慮音樂細節與字句安排，這時候由岳飛、張元幹、張孝祥等人寫的詞，都不是要讓人唱的，更不是要讓歌女唱的。

蘇軾開發出的這一路，在南宋達到顛峰，極致之處站著辛棄疾。王國維在《人間詞話》中極度推崇他的〈賀新郎〉：

> 甚矣吾衰矣。悵平生、交遊零落，只今餘幾。白髮空垂三千丈，一笑人間萬事。問何物、能令公喜。我見青山多嫵媚，料青山、見我應如是。情與貌，略相似。　一尊搔首東窗裡。想淵明、停雲詩就，此時風味。江左沉酣求名者，豈識濁醪妙理。回首叫、雲飛風起。不恨古人吾不見，恨古人、不見吾狂耳。知我者，二三子。

這首詞太特別了！開頭和結尾竟然都用上《論語》中孔子的話，中間還穿插了好些別人既有的句子，[11]然而所有的引用，在這首詞裡都變化了意思。

蘇軾用寫詩的方式寫詞，辛棄疾卻是將寫文、寫詩、任何形式文章中會用到的內容通通放入詞中，不只沒有任何顧忌，更徹底突破了規範，很多地方看起來像是隨手拈來、未多經思考，和周邦彥的琢磨細緻風格有著極端的對比。然而神奇地，以如此多元元素所組成的詞，在辛棄疾筆下非但不顯雜亂、鬆散，而且每一首都有自身內在的結構，前後呼應、左右互證，中間還會有像「我見青山多嫵媚，料青山、見我應如是」這種令人難忘的亮點。

劉大杰在《中國文學發展史》中對辛棄疾的評斷應該是公允的：

> 在他筆下，無論吊古傷時，說哲理，談政治，寫山水，到愛情，發牢騷，他無所不寫。嘻笑怒罵，皆成文章。……他不僅以詩為詞，並以文為詞，形式擴大了，語句解放了，無論什麼思想，什麼情感，什麼事件，都可以在詞中自由表現出來。……他能作豪壯語，能作憤激語，能作情語，能作幽默語，有的很放縱，有的很細密，有的很閑澹，有的很熱情，無論長詞小令，他都能得到成功。

辛棄疾和蘇軾一樣，都將詞帶離開音樂，不受音樂束縛，進而得到了文句、語氣和內容上的解放。

蘇軾、辛棄疾詞在後世得到的重視與評價，高於柳永、張先、周邦彥那一路。主要因為要欣賞後者，需要有音樂上的基本素養與理解；要欣賞前者，只要有文字、語言的敏感度就夠了。別人要考慮音樂效果，蘇軾、辛棄疾這兩位大才卻只須專注在文字的運用上，可以橫衝直撞、可以淋漓盡致，自己寫得過癮，一般文人、讀者更是讀得過癮。

蘇、辛風格更適合宋代的文人文化環境——文字的重要性遠超過音樂。宋真宗、仁宗親近音樂，卻不會像唐玄宗那樣去養梨園，編製大型歌舞，而是寫詞、聽歌，或者像徽宗再多一些彈琴的活動。這就是文人文化所產生的作用。

宋詞的最後殿軍是姜夔，在辛棄疾如此大開大闔地擴充詞的領域，詞變得幾乎無所不能、無所不包之後，姜夔試圖收拾詞的局面，重新訂定詞的規則，既要有包納性，也要維持一致性。

姜夔從音樂上、從創作上，也從評論上去進行這番事業。他的作品很多，加上他有意識地吸收、整理兩宋詞作的精華，於是等到他完遂雄心，總和詞的規則與意義，詞這個文類也就很難再有什麼可供創意發揮的空間了。姜夔訂定的詞律嚴謹、完備、合理，然而這種近乎完美的形式架

11 開頭「甚矣吾衰矣」，出自《論語．述而》：「子曰：『甚矣吾衰也！久矣吾不復夢見周公。』」結尾「知我者，二三子」，同樣出於《論語．述而》：「子曰：『二三子以我為隱乎？』」又如，「白髮空垂三千丈」，典出李白〈秋浦歌〉：「白髮三千丈，緣愁似個長。」「雲飛風起」典於劉邦〈大風歌〉「大風起兮雲飛揚」句等等。

構，就像如來佛的手掌心，讓後來的人怎麼樣都翻不出去，弄不出新名堂了。
詞的活力到此也就消散結束了。

第八講

中介王朝：遼、西夏與金

01 草原民族劫掠後，東北民族占進來

古代中國的對外關係上，有個特殊的方位模式。這個模式第一次出現，是在從漢末亂局演變為「五胡亂華」的時代。從北方進入中原的異族，通常不會在中國本土停留太久，他們製造了極大的破壞之後，由於生活方式的根本差異，終究會退回北方去。而在他們後面進來的，代替他們占領這些破壞後的區域的，往往是來自東北方的其他民族。

為什麼是東北？因為這個區域不是單純的草原，而是草原與森林的混合環境，使得在此居住的民族，例如早期的鮮卑、後來的女真，比較容易發展出混合型生產，有漁獵、有畜牧，甚至會有初階的農業。因此在草原民族劫掠後，中國本身尚未恢復元氣與秩序時，就會誘引東北的民族進入中原。

魏晉時期最早從東北方進來的是鮮卑慕容氏，他們先建立起混合生產，然後一方面保有草原與森林混合環境中培養出的戰鬥力，一方面逐漸適應農耕，進行部落組織上的改造。不過在態度上，慕容氏較為保守，沒有選擇快速南下，沒有強烈動機要快速擴張領土。

在慕容氏後面，有更衝動、更積極的鮮卑拓跋氏，他們挾著高度機動性與戰鬥力，越過了慕

容氏所在的地方，然後繼續往南前進，占領了中國的北方。

類似的情況在唐代後期又發生一次。這次從東北方先進入中原，因而和唐朝長期對峙角力的，是突厥。而在突厥後面崛起的，是契丹。

契丹出現在唐朝歷史上，是在太宗貞觀年間，契丹「大賀氏」首領摩會向唐朝進貢，接受唐朝頒賜的旗鼓。到西元六九六年武則天時期，有契丹首領李盡忠進犯營州（今遼寧朝陽），挑釁中國。這件事之所以特別被記錄下來，因為唐朝是借助突厥（其時為後突厥汗國）的力量才平定了李盡忠之亂。這顯示出突厥也意識到契丹對他們形成的威脅，所以即便和唐朝關係時而緊張，雙方都還能為了對付這個共同敵人而合作。

在這之後一段時間中，突厥壓制、統治了契丹。不過契丹一直依違在突厥與唐朝之間，當契丹來依附時，唐朝還設立了治理機關（松漠都督府）；而當契丹叛歸突厥時，唐朝又必須布下防線避免契丹進犯。

安祿山的身分稱為「營州雜胡」（《資治通鑑．唐紀三十》），他率領的軍隊主要就是在防守契丹。因而當安祿山將軍隊調往南方，就給了契丹大好機會得以擴展勢力。

02 契丹的八部聯盟共治與耶律氏的壯大

這時候，契丹的部落組織仍然依循舊有的「八部制」，也就是由八個部族平等聯盟。在擴張的過程中，原來的「舊八部」之外，又有了「新八部」，[12] 由「遙輦氏」成為世選的聯盟領袖。「新八部」中有一部是「迭剌部」，是八部中最大的一部，迭剌部中又有耶律一族，是其中最強大的一支。

「八部」組織，不管是舊八部或新八部，都是聯盟共治，而且形成了一項慣例，就是共主三年一任，三年要換人。但如果我們從契丹族的中文資料重建其系譜，卻又看到有好幾位契丹共主在位的時期遠超過三年。

這表面上的矛盾，經過更嚴密的檢驗，才發現問題出在漢人的誤解，將一個氏族執政的時間誤解為一個人。共主三年換人的制度的確存在，而且嚴格遵行，不過並未規定共主必須換成其他部落的領袖。所以漢人看到一個契丹名字，以為是一個人，實際上那是一個姓，是這一家的兄弟親戚共同的稱號。所以如果在這名字下記錄有長達十八年的統治，那可能是五、六個兄弟輪換著當共主。

到了「安史之亂」後，契丹出現了重大變化。迭剌部和乙室部的勢力愈來愈龐大，到後來壓倒了其他各部，改寫了八部平等聯盟的態勢。

迭剌部快速壯大，從耶律撒剌的到他的兒子耶律阿保機，依靠的是他們掌握「冶鐵鼓鑄」的技術，有效地生產良質鐵器，尤其是以鐵打造兵器，因而在經濟生產上和軍事上都獲得大幅進步。到了耶律撒剌的的兄弟耶律述瀾掌權時，耶律這族在紡織製造上又有了新的突破。[13] 顯然地，這段時間裡，契丹持續朝混合經濟生產傾斜，農業所占的成分愈來愈高。因為無論是游牧或畜牧生活，都不可能強調發展紡織，他們的衣著需求是從獸皮滿足的。

耶律阿保機雄才大略，在西元九〇一年（唐昭宗天復元年），被當時的痕德菫可汗立為「夷離菫」（即軍事首長）；九〇二年，帶領大批族人攻打河東、代北。史書記載，光是這一次劫掠，就擄走了九萬五千人，還有為數眾多的牲畜。增加大批牲口對契丹社會沒有太大影響，就是一筆

12 據《遼史．營衛志中》，契丹「舊八部」為「悉萬丹部、何大何部、伏弗郁部、羽陵部、日連部、匹絜部、黎部、吐六於部」。到了阻午可汗（遙輦俎里）時期（約唐玄宗時），又再改組為新的八部，為迭剌部、乙室部、品部、楮特部、烏隗部、突呂不部、涅剌部、突舉部。

13 據《遼史．太祖紀下》「贊」曰：「玄祖（耶律勻德實）生撒剌的，仁民愛物，始置鐵冶，教民鼓鑄，是為德祖，即太祖（耶律阿保機）之父也。世為契丹遙輦氏之夷離菫，執其政柄。德祖之弟述瀾，……始興板築，置城邑，教民種桑麻，習織組，已有廣土眾民之志。」

大財富，但同時擄去那麼多漢人，產生的效果可就不一樣了。

次年，九〇三年，耶律阿保機又帶族人往東攻打女真；再一年，九〇四年，攻打位於呼倫湖到興安嶺一帶的「黑車子室韋」。一連串軍事行動的勝利，使得耶律阿保機領導的部族愈發強大，到九〇七年，他明確地取代了長期占據可汗位置的遙輦氏，成為八部共主。而這時候他在河東擄走眾多漢人的效應就出現了，他不再滿足於以原有契丹共主的形式來統治，轉而採用漢人式的概念稱帝。這是他漢化的重要第一步。

然而作為契丹族的領袖，照道理他應該在三年之後讓出共主位子，換由別人來當。到了九一一年，他的共主任期明確超過三年了，就有兄弟親族表現出不滿，進而公開反抗他。其後兩年，耶律家內部持續出現抗議聲音和叛亂行動。依照傳統慣例，大家可以接受迭剌部繼續領導，甚至也可以承認耶律家的特殊地位，但共主位子不可以一直由耶律阿保機一人長期把持。三年到了，應該輪到你的兄弟或你的親族人選來接替這個位子。

拖到了九一五年，耶律阿保機不得不讓位，不過他提出了他的條件。八部聯盟共主的位子他讓出來，但他要占領自己打下來的漢地，以及他擄來的漢人，另外圈劃出來，不屬於原來的八部，由他自己掌管。

其他的契丹部族對這樣的安排沒有反對，他們八成也沒有那麼高的意願要管理漢人，於是耶律阿保機建立起自己的勢力範圍。

03 從「牛酒會鹽池」到南、北面官

在這個範圍內，耶律阿保機就和當時的盧龍節度使劉仁恭形成了緊張關係。劉仁恭是具有高度自主性的藩鎮，是一份割據的勢力。幾年間，劉仁恭和耶律阿保機展開了搶人、搶地的爭奪，搶地方面耶律阿保機的收穫不大，但成功地吸引了幽州和旁邊涿州的人民前去投靠他。他控制了更多的漢人，同時也控制了漢人所帶來的農業技術。

耶律阿保機選擇了灤河一帶作為他的新據點。這顯然是經過高人指點的，這塊區域最重要的是擁有一片鹽池，可以產鹽。下一個大事件史稱「牛酒會鹽池」，就發生在這片鹽池。

據《新五代史．四夷附錄第一》中的記錄，某天耶律阿保機對其他七部族長們表示：「我擁有鹽池，因為這樣，大家都方便有鹽吃，你們都沒想過鹽怎麼來的嗎？你們忘了鹽池是有主人的嗎？難道不必向主人表達一下謝意嗎？」

大家聽了覺得有理，就各自帶著牲口、帶著酒，來到鹽池和耶律阿保機相會。到了酒酣耳熱之際，耶律阿保機預先埋伏的武士突然衝出來，將與會的七部領袖屠殺殆盡。到此，八部聯盟被徹底摧毀了，耶律阿保機又重新成為契丹的統治者，這是發生在西元九一六年的事。

到了九一八年，仍然還有來自耶律族內部的挑戰，提出的理由依舊是三年共主慣例，要求耶律阿保機下臺換人。他雖然以激烈的手段瓦解了八部聯盟，卻難以徹底改變契丹內部的傳統統治運作觀念。

九一一至九一三年，以及九一八年這幾次政治危機，都起自耶律族內部對耶律阿保機的不滿。他對這些反對勢力進行了鎮壓，卻很寬大地保持了不殺自己族內兄弟的原則。

因為他還需要族內兄弟替他培養一支新的衛隊，取代過去的八部聯合形式，重建契丹武力的核心。契丹的社會組織原本相當扁平，大部分的人都擁有平等地位，沒有世襲的貴族，耶律阿保機便以兄弟族人衛隊作為核心，再圍上其他部落平等形成的隊伍，打造出強大的兵力。

耶律阿保機去世後，由第二個兒子耶律德光繼位。耶律德光進一步打造契丹朝廷，建立了遼的二元政治結構。新形成的遼朝，[14]分為北面官和南面官兩種官僚體系。「北面」負責統治契丹人，「南面」則負責統治漢人。至此，這不再是一個契丹人的政治體，而轉為包納契丹人和漢人的遼朝。

北面官「以國制治契丹」（《遼史．百官志一》），也就是遵循傳統部落規矩，用契丹人管理契丹人；而南面官則「以漢制待漢人」，用漢人的方式來統治漢人，是兩個不同的政府。以這種方式，一方面保有契丹部族的軍事與行動力量，另一方面分隔處理漢人。在態度上，契丹和之前的鮮卑慕容氏很像，都是穩紮穩打，體認兩種社會的高度差異性質，逐步進行轉化。

在南北分政的情況下，漢人相對擁有較大的權力。遼皇帝依照契丹習慣，必須「四時捺鉢」，也就是不同季節居移到不同地方去。從漢人的角度看，這種習慣很奇怪。每年正月，皇帝就離開上京，輪流在四個地方居住。[15]皇帝不是隨時都在京師，南面官在處理漢人事務時，就有很大的自主決定空間。牽涉到管理漢人，包括要晉用什麼樣的人，反正皇帝很少在，由南面官處理即可。

唯一例外的是軍事，涉及軍事人力的調動，那麼南面官就沒有任何權力。另外，南、北主要官員在每年五月和十月，要到「捺鉢」的納涼行在所和坐冬行在所晉見皇帝、開臣僚會議，那是漢人官員和皇帝最為近距離接觸的場合。

在二元體制下，漢人取得相當的自主性，得以吸引愈來愈多的漢人願意依附過來。

14 《遼史．太宗本紀下》記載：「二月丁巳朔，建國號大遼，大赦，改元大同。」「遼」的國號是在西元九四七年，即遼太宗耶律德光在位最後一年定名的。

15 《遼史．營衛志中》云：「遼國盡有大漠，浸包長城之境，因宜為治。秋冬違寒，春夏避暑，隨水草就畋漁，歲以為常。四時各有行在之所，謂之『捺鉢』。……春捺鉢：曰鴨子河濼。……夏捺鉢：無常所，多在吐兒山。……秋捺鉢：曰伏虎林。林在永州西北五十里。……冬捺鉢：曰廣平澱。在永州東南三十里。」

04 契丹的南向關係不冒進，索錢勝於搶地

遼朝以這種方式逐步壯大，卻絕不冒進，量力而為。從契丹的角度看，中國的五代最主要的變化出現在後唐到後晉之間。石敬瑭割讓燕雲十六州給契丹，取得契丹人的協助，得以擊滅後唐，建立後晉。燕雲十六州的土地當然很重要，但除此之外，對契丹幾乎同等重要的是石敬瑭的身分，他是個沙陀突厥人，也就是契丹人長期以來既競爭又經常爭取合作的對象。

所以，首先石敬瑭不是漢人，他對燕雲十六州會有和漢人不同的看法；其次，作為沙陀突厥人，他和契丹人的關係也和漢人不一樣。即使取得了燕雲十六州，契丹並沒有一下子就強大到威脅中原，更沒有一下子就湧出南下躍馬中原的雄心。待石敬瑭死後，繼位的石重貴不願再向契丹稱臣，契丹和後晉才從合作轉為衝突，發生了軍事戰鬥。契丹部隊先是在泰州等地慘敗，後來才捲土重來，滅掉後晉。契丹人很明白，他們和中原的勢力在伯仲之間，因而維持著原本的保守心態，並沒有輕舉妄動，不久便撤兵北返。

五代結束後，宋朝建立，宋太宗對燕雲十六州極度在意，趁遼景宗去世之際，大舉揮軍北征。宋太宗認為此時遼朝的聖宗年幼，由母后蕭太后主政，應該政局不穩，宋朝有機可乘。然而

這個算盤打得不太精明，蕭太后並不是在遼景宗去世、從皇后變成太后時才介入政事的。遼景宗體弱多病，很長時間無法臨朝，實質上就已經由當時的蕭皇后代理皇帝權力。

蕭太后的父親漢名叫蕭思溫，在景宗即位之初就接掌北院樞密使兼北府宰相，[16]統籌管理所有的契丹人。在此之前，通常都是由耶律家的人出任北院樞密使，這個關鍵大位卻在此時落入了國舅蕭思溫手中。不久之後，蕭思溫「為賊所害」（《遼史．蕭思溫傳》），很可能是耶律家反撲，暗殺了蕭思溫，一場腥風血雨的內鬥似乎即將展開。此時蕭皇后發揮了高明的政治手腕，並沒有和耶律家起衝突，進行了修補調和，其後更重用耶律休哥，讓他擔任北院大王，甚至「總南面軍務」（《遼史．耶律休哥傳》）。

因此宋太宗第二次率大軍攻遼，在南方阻擋他的不是漢人，而是出身契丹皇室的耶律休哥。在耶律休哥領軍抵擋的情況下，宋太宗兩次大舉進攻，結果都討不到便宜，只得怏然而歸。

16　遼以北面官、南面官分治契丹人和漢人，而北面官又分南、北兩院，北院樞密使掌管軍馬。可參《遼史．百官志一》：「太祖分迭剌夷離堇為北、南二大王，謂之北、南院。宰相、樞密、宣徽、林牙，下至郎君、護衛，皆分北、南，其實所治皆北面之事。……凡遼朝官，北樞密視兵部，南樞密視吏部，北、南二王視戶部，夷離畢視刑部，宣徽視工部，敵烈麻都視禮部，北、南府宰相總之。……契丹北樞密院。掌兵機、武銓、群牧之政，凡契丹軍馬皆屬焉。……契丹南樞密院。掌文銓、部族、丁賦之政，凡契丹人民皆屬焉。」

遼朝度過了這場危機。到西元一〇〇四年，輪到宋朝真宗皇帝初即位，於是蕭太后陪同遼聖宗親領大軍傾巢南下，這就是後來簽訂「澶淵盟約」的背景。

從遼朝的政局看，到這個時候，蕭太后實質掌理遼國政已經超過三十年了。為什麼會在這時候爆發出巨大野心，大軍壓境要搶占中原的領土？事實上，蕭太后出兵主要不是為了打宋朝，而是為了紓解遼朝自身遇到的危機，即來自朝廷財政困難的危機。

遼朝長期維持兩個政府、兩套系統，開銷甚大，尤其是北方的系統。史料顯示，遼朝北樞密院控制的領域中，幾乎隨時保持著四分之一到三分之一男性成年人口的龐大軍力。如此高比例的人口脫離經濟生產，得要仰賴國家資源來維持軍事組織。

以朝廷之力維持那麼多的常備部隊做什麼？這可不是為了對付南方，要往北方看才能獲得解釋。遼朝剛成立時，征服了位於遼東半島和東北交界處的渤海國，因而接觸到渤海國南方的高麗王朝，他們卻始終無法像征服渤海國那樣征服高麗。另外，渤海國滅亡後，遼朝的東北界上又有更讓他們頭痛的女真部落。

宋太宗北征時，曾遣使要求高麗夾擊；到了一〇一〇年，又發生了高麗內部動亂，這都使得遼朝對高麗不能掉以輕心，需要嚴密防範。為了衛戍東北、東南，讓遼朝付出了極高的代價。為了北境邊防，遼朝設立了至少九座純粹軍事用的防城，另外還有七十個戍守處派有駐軍，隨時需要約兩萬兩千人布防在邊界上。而這個地區的契丹男性人口，不同時期有增減變化，基本上大概是十二萬到二十六萬人的規模。

前線的兩萬兩千人是優先徵調契丹部族中較富有的人家，自己準備兵器、駝馬、糧食前去戍邊。然而男丁被調走後無法生產，還要支應戍邊開銷，本來富裕的人家很快也就變窮了，不得不由朝廷供給他們衣食資源。這在國家財政上形成了極大的壓力，而且與時俱增。

宋真宗即位後，為什麼遼朝大軍南下？不是為了土地，而是為了錢。從中國歷史的傳統角度看，總覺得戰爭都是為了搶奪土地。真宗聽說靠三十萬銀錢布疋可以讓遼朝退兵，大感慶幸，然而事實上，遼朝出兵本來就不是為領土而來，三十萬的歲幣正符合他們的所需。

05 完顏阿骨打的崛起和遼的軍事潰敗

西元一〇〇五年（遼聖宗統和二十三年、宋真宗景德二年）遼與宋簽訂「澶淵盟約」，到一〇四二年（遼興宗重熙十一年、宋仁宗慶曆二年）又換約一次，提高歲幣的數字，[17]讓遼朝得以安定，遼朝實質上是依靠宋人的貢輸來解決財政困難。在這過程中，遼朝的個性徹底改變了，南下的契丹人逐漸習慣農業環境，轉型為地主貴族，圈出土地來，藉由土地上的生產維持富貴生活。雖然還是維持著二元體制，不過從第十一世紀之後，明顯地北面官愈來愈不重要，南面官地位相對愈來愈高，同時君王、貴族的利益愈發地和如何處理漢人與對宋關係綁在一起。

重南輕北的傾斜狀況，使得邊防軍事優勢進一步弱化，女真的進迫也就愈來愈嚴重。

到了第十二世紀，關鍵年分是一一一二年，遼天祚帝到春州鴨子河（今松花江）岸舉行「頭魚宴」，那是春天破冰之後，由皇帝象徵性地第一次去釣魚，旁邊聚集著大臣、貴族，眾人為皇帝的漁獲表示恭喜，然後舉辦歡宴。

來到春州參加「頭魚宴」的，還包括了「生女真」諸部落的酋長。在與遼朝的互動中，女真逐漸劃分為兩部，稱為「熟女真」與「生女真」。「熟女真」一部分是在遼朝攻伐占領區域中居住的女真人，另一部分則是被遼朝提供的生活條件吸引而依附過來的女真人。在此之外的則是「生女真」。[18]

當時「生女真」的部落領袖是完顏烏雅束，其弟完顏阿骨打也參與了「頭魚宴」。《遼史·天祚皇帝本紀一》中記錄，在儀式中，天祚帝酒酣興起，便要女真酋長們一個個起來跳舞，只有完顏阿骨打聲稱自己不會，堅決不肯從命。有了這次的羞辱與衝突，讓完顏阿骨打懷恨在心。

即使真有此事，那也不過是導火線，反映的是女真族自認與遼朝的關係不是明白的上下臣屬，不認為契丹人可以理所當然地壓榨和支配他們。

第二年，一一一三年，完顏烏雅束病逝，完顏阿骨打接續哥哥成為部落首領（稱做「都勃極烈」）。生女真此時沒有文字，也沒有正式的政府，部落組織依循的是集體領導制，最高的權力中心就是叫做「勃極烈」的元老會議或部族大會。在「勃極烈」會議中，完顏阿骨打正式號召生女真起而對抗契丹，得到了授權。接下來的幾年裡，完顏阿骨打帶領女真部隊連戰皆勝，逼得遼朝軍隊不斷敗退。

經過了一個世紀，遼已經不再是原先那樣強盛的契丹族王朝，其軍事力量大幅地衰退。生女真過去從未完全臣服於遼，經常有大小衝突，互有勝負；但到了這時候，情況徹底改變，完顏阿骨打的部隊從一一一四年起兵，短短兩年就攻占了遼的東京遼陽府。

一一一五年，離「頭魚宴」不過三年時間，完顏阿骨打就在會寧（今黑龍江哈爾濱）建國稱帝。建國稱帝的做法也是模仿漢人的，過程中明確地有漢人在旁建議與規劃。也就是說，生女真

17 遼興宗趁宋朝與西夏間長達三年戰事的耗損，以要求歸還周世宗所奪瓦橋關以南十縣之地等為由，與宋朝展開談判，最終宋朝在澶淵盟約議定的銀十萬兩、絹二十萬匹歲輸之上，再增加銀十萬兩、絹十萬匹。

18 《金史．世紀》云：「金之先，出靺鞨氏。」唐初，靺鞨主要剩下兩部，即粟末靺鞨和黑水靺鞨。粟末靺鞨建立了渤海國，黑水靺鞨則為女真族前身。「五代時，契丹盡取渤海地，而黑水靺鞨附屬於契丹。其在南者籍契丹，號熟女直（即女真，遼朝因避諱改稱女直）；其在北者不在契丹籍，號生女直。」

進入遼朝國境後接觸到漢人，受到這些漢人的影響，開始接受、學習漢人的統治觀念與習慣。

相較於契丹，女真人的作戰方式極為粗獷、草莽，保留了極大的組織彈性，呈現從過去同族內鬨狀況的延伸。他們的打法是輸了的一方就加入贏的一方，藉以擴大編制，一起進行下一波的掠奪征戰。他們並未區分契丹人或漢人，戰敗的都被一併裹脅納入，同樣可以在新的組織中保有地位。

遼朝為什麼敗得那麼快？一部分原因在於對北方的契丹人而言，相較於效忠那個只照顧南方的朝廷，他們會覺得和女真人打交道、加入女真人的新行列中，似乎並沒有差到哪裡去。而在遼朝統治下的漢人，更是沒有理由不和女真人合作。許多人選擇投入女真陣營，才讓局勢變化得那麼快。

察覺女真對遼朝突然產生的巨大破壞與威脅，歷史上最不適合當皇帝的宋徽宗及其身邊大臣們，誤判這是個對付遼朝的大好機會，便遣密使聯絡女真人共同對付遼。然而遼朝雖然在北方受制於女真，南方的軍事力量卻仍然在宋朝之上，於是多重因素作用下，女真不只在北方崛起，還進一步迅速南下。

06 女真大舉南遷的歷史後遺症

在女真人自己都沒有預料到的情況下，只花了十二年時間就滅亡了遼，又未停留地進入中原，兩年後也滅亡了北宋。這速度實在太驚人了！

正式與遼朝決裂時，女真甚至沒有自己的文字，[19]也沒有固定的政府組織，對於統治中原，可說完全沒有任何準備。我們一般稱「遼金元史」，將這三個民族相提並論，可是他們崛起、出現在歷史舞臺的方式其實大不相同。

契丹和女真之間，複製著前面鮮卑慕容氏和拓跋氏的關係模式。慕容氏花了很長時間建構新混合經濟作為基礎，仔細安排和漢人的關係，維持二元的分治系統。契丹也是如此。前面超過一百年的時間裡，他們在內蒙、華北一帶站穩腳步，並沒有發動進一步的南侵戰爭。然而在他們

19 金太祖天輔三年（一一一九年），完顏阿骨打命完顏希尹造本國字，《金史．完顏希尹傳》記錄：「希尹乃依仿漢人楷字，因契丹字制度，合本國語，制女直字。」稱為女真大字。到金熙宗天眷元年（一一三八年），又造女真小字。

後方的女真人突然興起，憑藉著強大的武力和高度機動的臨時組織，一下子席捲了北方。

女真人建立的金朝，表面上看好像是繼承了遼朝，實際條件卻相去甚遠。遼朝統治區域內，契丹人和漢人的人口比例大約是一比三，漢人是契丹人的三倍。但到了金朝統治時，女真人口比起漢人，降到只有一比十。行動如此快速匆忙，本身具有的政治準備如此原始，加上居於絕對少數，金朝要建立有效的統治就只有一種方式，那就是一方面完全套用遼朝的體制，另一方面則以高壓手段鎮懾被統治的契丹人和漢人。

金朝初時和遼朝一樣，保持了二元體制：以「勃極烈」制（中央）和「猛安謀克」[20]制（地方）治理女真人和契丹人；漢地則設樞密院（中央）和州縣制（地方）來統治漢人。但這樣的雙重政府產生大量的官職，也就需要更多女真人離開原本的居地，進入中原以協助填滿。

女真人近乎舉族的大遷徙，後來就留下了兩項嚴重的歷史後遺症。第一項是使得女真的發源地，即原有的故土快速地沒落衰敗。幾百年後，曾自稱「金國」的滿洲人入關時，就緊緊抓住這個歷史教訓，建立為絕對不能忽略的祖宗家法。他們有著清楚的歷史意識，將自己視為金朝的繼承者，因而絕對不能重蹈先祖的覆轍。清朝的政策是將滿洲當作保留區，一定要留住夠多的滿洲人繼續在家鄉，而且管制漢人移墾。

女真人大舉南下，原先的根據地幾乎掏成真空，才讓本來被契丹和女真壓制的室韋、蒙古等部落趁勢興起，後來金朝反而亡於蒙古。此外，女真人南遷還造成了二元政治體制變質。

二元體制的原則是北人和南人分別統治，然而遼朝後期就逐漸維持不住這項原則了。契丹貴族寧可到南方來，改依漢人的方式生活，他們的身分是契丹人，南面官管不了他們，他們又遠離北方，從部落組織中游離出來，於是北面官也管不了他們。兩頭管不著的情況下，這些人就成了獨斷獨行的特權勢力。

這種情況在金朝更為嚴重，因為連二元體制都不是他們自己設計的，不是依照他們的需要制訂的。統治階層的人口比例又那麼低，於是二元體制的執行更混亂、更無效果。

進入中原之前，女真人沒有完整的政治組織，也就沒有關鍵的「中央／地方」權力分配觀念。從部落集體領導短時間跳到龐大地域的帝國式統治，有太多的關卡與挑戰。

20 猛安、謀克既是軍事編制，也是社會組織。《金史・兵志》云：「金之初年，諸部之民無它徭役，壯者皆兵，……其部長曰孛堇，行兵則稱曰猛安、謀克，……猛安者千夫長也，謀克者百夫長也。……至太祖即位之二年，……始命以三百戶為謀克，謀克十為猛安。」

07 海陵王的慕漢遷都，金世宗的恢復舊俗

金太祖完顏阿骨打在一一一四年正式叛遼，二十年後，金熙宗完顏亶即位時（一一三五年）就正式廢除「勃極烈」部落大會。這也就意味著要徹底依循漢人的皇帝制度。必須迅速改採漢人模式，因為有統合各方兵權勢力的迫切需要，征伐範圍廣闊，不可能再用元老集體面對面的方式來做決策。

以漢人的模式統治，就必須任用漢人來協助，很快地，金朝王廷中就圍滿了漢人策士。這些人從既有的習慣思考，一定會主張抬高皇帝的地位，和其他人盡量拉開權位上的距離。他們不能想像、不能接受女真部落裡的其他領袖可以對皇帝大小聲，更不能想像、不能接受統兵之人不聽皇帝的調遣命令。他們認知的皇帝，從秦始皇、漢高祖開始，就是高度中央集權，傾向於集權領導的。在他們的建議與影響下，金朝援用了皇帝觀念，建立起中央集權。

一一四九年，下一位皇帝完顏亮即位，在歷史上他沒有正式的謚號，只稱為「海陵王」。雖然他在位十二年，但他弒金熙宗篡位在先，後來自己也被部下所殺，接在他後面被擁立的完顏雍就取消了他的皇帝身分，不承認金朝有過這麼一位皇帝。

完顏亮為什麼會激起繼位者完顏雍如此激烈的反感？主要還有一個原因，完顏亮雖然血統是金人，但他的想法和做法都太像漢人了。他要以唐朝、宋朝為模範，重建金朝政體。他在金熙宗「天眷改制」瓦解南北二部制、改立三省制的基礎上，進一步推動「正隆改制」，[21]幾乎完全廢棄了女真傳統。他想像自己要做的，不是遼朝那種混合統治的皇帝，而是取法過去坐在汴京皇位上的那個人。

才不過四十年左右，女真人從大興安嶺一帶，這時不只放棄了故土基地，而且眼光轉移到汴京了，這南北差距何其遙遠！和拓跋氏的北魏孝文帝很像，完顏亮也要徹底漢化及南遷，不顧任何反對聲音，大舉遷都燕京（改稱中都大興府）。對他來說，女真和金已經沒有實質意義，他要當的就是中國皇帝。接著他又開始在原先宋朝的都城汴京大興土木，布局準備攻打南宋，要將漢人地理意識中的帝國予以統一。

完顏亮帶兵南下時，後方發生叛變，領導政變的是「東京（遼陽府）留守」完顏雍，也就是後來的金世宗。完顏雍即帝位並下詔罪黜完顏亮，他的價值觀念和完顏亮大不相同，即位後發動

21　「正隆改制」包括：廢除中書省、門下省，只置尚書省，由皇帝直接掌控；軍事上廢除都元帥府，改設樞密院與樞密使，受尚書省節制；廢除行台尚書省，更進一步中央集權。

了一場大逆轉的改革。

他強調使用女真語、女真文，大量拔擢女真人，並且要求保留、恢復女真的傳統習俗。這樣的政策漢人當然不支持，但真正麻煩的是女真人也不怎麼領情。

讀過托爾斯泰的《戰爭與和平》應該會留下深刻印象，拿破崙戰爭前的俄羅斯貴族說話時是夾雜俄語和法語的，說法語被視為比較優雅、比較有教養，有些貴族甚至都忘了如何說俄語。女真人之間當時也有這樣的價值觀衝突。許多人，尤其地位愈高的人，愈是將漢化當作高人一等的表徵。他們擁護漢語、漢服，衷心看不起女真服飾和女真語言。皇帝要將改革變化推回去，他們很難認同，長遠來看，埋下了加劇政局動亂的因素。

08 党項馬、神臂弓，武力西夏興起

北方長期處於複雜、敏感的局面中。遼、金等外來政權原本就比漢人懂得如何對待草原民族。農業民族對游牧民族有先天的劣勢，基本上只能築城阻擋或以武力驅趕。漢武帝傾當時大漢

帝國累積的財力，以壓倒性的兵力遠征匈奴，得到勝利後，也就只能將匈奴趕到大漠以北去。一時趕走，如果游牧民族又再「南下牧馬」，仍然只能再發兵驅離。

草原民族卻不是這樣彼此對待的。衝突之後，武力強大、獲得勝利的一方，會將戰敗的一方收納進來，壯大自己的族群隊伍。類似的生活方式讓勝、負部落在經過一段時間後，有機會融合成為共存共榮的新團體。而農業民族和草原民族則有清楚又難以跨越的生活界線，尤其農業民族對草原民族常懷畏懼與猜疑，視之為潛在劫奪生產收穫的敵人，不容易建立互信，更不容易密切互利合作。

從突厥沒落後的這段時期，對草原民族來說是一段黑暗時期。有三個受農業民族影響，卻又依然保留游牧運動性與強悍武力的民族在此盤據。最西邊的是花剌子模，他們一部分是突厥人，卻又不完全是游牧的突厥人，曾一度稱臣於契丹人擴張建立的「西遼」。

再往東一點是西夏。宋朝一度流行「夏國劍」，經常炫耀地佩戴「夏國劍」的是北宋最後一位皇帝欽宗，而在此之前，邊防將領也以得到皇帝賞賜「夏國劍」為最高榮譽。還有「西夏神臂弓」，「弓之身三尺有二寸，弦長二尺有五寸，箭木羽長數寸，射二百四十餘步，入榆木半笴。」（《容齋三筆．卷十六》）

「党項馬」也很有名，唐朝時就經常有邊防軍隊以鐵甲弓矢和党項人換馬的記錄。宋朝時，党項馬更是西夏和周邊其他民族貿易的名貴商品。一般稱西夏人為「党項羌人」，以目前研究了解，他們主要以西藏系的党項族為中心，吸收了各種羌族、吐蕃、漢族和回鶻人口，是個多種族的群體。很明顯地，他們具備傑出的武力，即使全盛時期總人口不過三百萬左右，卻發揮了和人口數量不成比例的軍事威脅力。

北宋一度負責對西夏軍事防禦工作的富弼，在邊境七年，經歷了大小十餘次戰役，沒有一次能真的獲勝，一度因為官軍士氣低落、高度畏怯西夏而傷透了腦筋。另外一位在仁宗時擔任過對西夏軍事統帥的范雍，在他寫的詩裡有這麼兩句：「拘俘詢虜事，肉盡一無聲。」（〈紀西夏事〉）記錄的顯然是以最殘酷的肉刑審訊西夏俘虜，竟然無法讓俘虜開口，讓范雍大為驚訝。

西夏之名，可溯源自北魏時期匈奴人赫連勃勃所建立的「夏」（五胡十六國之一），夏滅亡後，北魏便改設為「夏州」。唐時党項人從青海東南一帶逐步移居在此聚居，自稱是北魏拓跋氏的後裔，因而以拓跋為姓，稱為「平夏部」。到了西元九世紀，党項領袖拓跋思恭接受唐朝的冊封為定難軍節度使，並賜姓李，發兵參與討伐黃巢，轉型為唐朝的一支藩鎮勢力。

五代時期，平夏部最大的敵人是由沙陀人所建立的北漢，因此在宋太宗尋求統一、出兵攻打北漢時，党項人也出兵相助，一度被賜姓趙，後來又恢復了李姓。宋太宗的統一野心當然也包括平夏部所在的地方。幾經衝突、妥協，到西元九八二年（太平興國七年），當時的領袖李繼捧決定獻地並歸順宋朝，然而部分的族人卻在李繼遷的領導下，轉往河西發展，並且和契丹結盟，對抗宋朝。

09 西夏王陵出土與李元昊的霸業

元朝建立之後，占領中國的蒙古政府依循漢人傳統，以官方力量編撰了前朝的歷史。不過他們沒有承襲中國的正統觀，而是平等地對待遼、金、宋三朝，編了《遼史》、《金史》和《宋史》。但相對地，只在這三部史書中分別撰寫了〈二國外記〉（和高麗放在一起）、〈西夏傳〉和二卷〈夏國傳〉，並沒有給予西夏獨立的歷史記錄。

蒙古帝國另有一部以蒙文寫成的《史集》，[22]那也是由國家編撰的正史，但在那本書裡，也只有在〈突厥蒙古諸部族志〉這一卷中提到了「唐兀」（蒙古人對「党項」的稱呼），篇幅也很

22　據商務印書館於一九八三年出版的《史集》（第一卷第一分冊）書中〈《史集》漢譯本序〉說：「十四世紀初年，波斯政治家、史學家拉施特先後受伊利汗合贊和完者都之命修撰的《史集》，是一部前所未有的世界通史，是當之無愧的當時亞歐歷史的百科全書。《史集》內容分為四編：第一編〈蒙古史〉，第二編〈亞歐各國史〉，第三編〈世系譜〉，第四編〈地理志〉。……第一編可以分為三卷：第一卷包含〈部族志〉和〈成吉思汗及其祖先〉兩部分，第二卷為〈成吉思汗的繼承者〉，第三卷為〈波斯伊利諸汗〉。」該書以波斯語、阿拉伯語和蒙古語編寫。

少。西夏在一二二七年遭受成吉思汗親率大軍猛攻後滅亡，之後蒙古人又不重視保留西夏的歷史資料，以至於要還原西夏歷史有著相當的困難。基本上必須高度依賴漢人的中文史料，裡面明顯地有許多是經過漢人從自身文化本位改寫的，到底有多少符合西夏部族經歷的真相，只能抱持小心、保留的立場。

一九七二年六月，中國大陸蘭州軍區在賀蘭山挖掘工程地基時，意外挖出了十幾件古代陶製品，以及一些形狀規則的方磚。更令人驚訝的是，方磚上刻著文字，每一個字乍看似乎都認識，近看卻都很陌生。接獲通知的寧夏博物館立即組織了考古人員進行搶救挖掘，最終挖出了一個古老的墓室。墓室中有精美的工筆壁畫，有工藝品和更多刻有文字的方磚。經過研究判定，這是西夏王國的遺跡，方磚上刻的就是西夏文字。

進一步考古挖掘讓這座西夏王陵完整出土，陵區南北長約十公里，東西寬約五公里，陵區內共有九座帝王陵，加上約兩百五十個王公貴族的陪葬墓。陵區中的帝陵是按照時代先後自南到北排列，旁邊環繞著諸多陪葬墓。每座帝陵包括了角臺、闕臺、碑亭、月城、獻殿、陵臺等建築，坐北朝南，總面積都超過十萬平方公尺。

其中三號陵「泰陵」是占地面積最大、又保存得最完好的一座。考古學家認為這座陵墓的主人是李元昊，也就是西夏正式建國的第一位皇帝夏景宗。西元一〇〇四年，李繼遷去世，他的兒子李德明繼承父業，同一年就遇到契丹大舉南下侵宋事件。得利於宋真宗求和不求戰的態度，李德明持續上表稱藩，到一〇〇六年，宋朝對這個新興的党項王國領袖加以冊封，維持友好關係。李德明轉而向西用兵，將原本在吐蕃勢力範圍內的涼州奪了過來，又打敗據有甘州的回鶻王國，有效地控扼住東西交通必經的大綠洲。

一〇三二年，李德明去世，二十九歲的李元昊繼位。李元昊並不是真正的開創者，而是繼承了祖父李繼遷和父親李德明打下的基礎，在相對更優越的條件支持下，他放棄了李德明主政時的親宋路線，終止對宋朝的臣屬地位，透過外交手腕娶了遼朝的公主，準備與宋朝開戰。

李元昊首先棄李姓，改姓「嵬名氏」，又下禿髮令，並且制定了西夏文字。政府體制上模仿遼朝的二元原則，將漢人和非漢人分開治理。二元體制最大的差異在於兵制，党項族的男子從十五歲到六十歲都編入軍隊中，以實質上全族皆兵的方式練成了一支精良的部隊。

一〇三八年，李元昊稱帝獨立，定都興慶府（今寧夏銀川），自稱國號為「大夏」。但因為「夏」有「華夏」之意，不為宋朝接受，轉稱其為「西夏」。

西夏的崛起對宋朝造成了很大的壓力，長時間派駐至少二十萬軍隊在西北邊界。宋仁宗調派了韓琦、范仲淹等能臣到前線負責戍防事務，構築了大量的防衛要塞，並且和位於西夏西南方的青唐王國聯絡，試圖夾擊李元昊。

鷸蚌相爭、漁翁得利，宋朝和西夏僵持對立、兵戎相向，讓遼朝得以趁機要求宋朝歸還周世宗時占領的瓦橋關、益津關以南的十個縣，最終獲得了歲幣增額（可參註17）。西夏一直討不到什麼便宜，最終也和宋朝協議和平互待。協議中，西夏願意居於臣下地位，同時得到宋朝豐厚的「歲賜」——每年白銀七萬二千兩、絹十五萬三千匹、茶三萬斤。

於是既有的宋朝和遼朝關係外，又有宋朝和西夏的關係，形成了獨特的鼎立局面，維持了和平共存。

比西夏更東邊些，先是契丹稱霸，後來是取代契丹的女真。契丹在崛起過程中曾以武力臣服室韋，女真在崛起過程中也以武力臣服過室韋。這些游牧民族一直被壓制著，到什麼時候他們的處境才得到改善的機會？

到女真過度快速的成功帶來了激烈的變化。女真的成功讓這些草原民族得以喘一口氣，因為女真人幾乎舉族南遷去經營中原，於是從遼東一路延續到新疆東界，這一大塊地區出現了缺口，給予蒙古人在這裡興起、壯大的機會。

第九講

草原風雲與成吉思汗

01 人物神話忽略的「試誤」漫長過程

中國傳統史學和現代史學之間，最大的差異在於對待人物的方式。人物一直是傳統史學的核心焦點與主要內容，「正史」中必定有「紀」、有「傳」，而且占了大部分的篇幅。這兩種形式都是在寫人物，以人物來統整事件。

這樣的史學觀念最大的好處是在歷史中保留了許多個性，並且以人的個性來解釋歷史事件的變化發展。人，尤其是具備特殊性格、特殊能力或特殊身分地位的人，是推動歷史的主要因素。

不過這樣的史學觀念也會過度強調個人行為的決定重要性，而忽略了在個人之外的其他因素。個人在特定的歷史時空中究竟能做什麼、不能做什麼，往往不是他自己可以決定的。周遭其他的環境因素，例如經濟生產、財富形式、社會組織、風俗習慣，甚至流行的思想與信仰，必然對他的個人行為有所制約，也和他的個人決定產生複雜互動。

歷史有超越人物之上的複雜結構，形成複雜的因果關係。專注從個人行為角度來記錄歷史、解釋歷史，很容易忽略了集體現象，乃至將集體現象扭曲為個人創造。最明顯的是中國文字的發明，事實上必然是漫長時期中從集體網絡裡形成的，然而傳統史學卻斬釘截鐵地將之解釋為倉頡一個人的作為。

過度看重個人會造成時間尺度的盲點。傳統說法上將多少東西堆到黃帝一人身上，勉強加上他的妻子嫘祖，他們創造了文明的所有項目。一個人的壽命頂多百年，以個人作為文明的始創者，這種歷史會讓人失去對於文明變化的大尺度時間感，無法如實意識到例如光是養蠶抽絲這件事，需要在人類社會生活中經過多少「試誤」（Try and error）的過程才能成熟、固定下來。中國傳統史學無法想像「試誤」的漫長過程，缺乏長尺度的時間概念，就扭曲了歷史事實，將養蠶技術凝縮在嫘祖一人身上。方便是很方便，卻嚴重誤導了人們對歷史的認識。

還有傳統上周公「制禮作樂」的說法、孔子「刪定六經」的說法，也是如此。凸顯了周公與孔子的高超能力與地位，付出的代價卻是抹煞了封建制度及王官學主要典籍在長時間中形成的過程，一直誤導了中國人對於封建制度與「六經」的看法。

關於遠古歷史，最好還是接受現代史學的主張，實事求是地回推集體、長遠、結構性的因素，了解許多人物只是便於拿來當作神話解答而已。這些神話的主要作用，是簡化原本複雜而難以還原的過程。也因此，如果我們理所當然接受了這些人物神話，也就失去了認真去追索歷史真相的動力。

02 打破草原政權模式的成吉思汗

不過換從相反的角度看，我們也應該提防現代史學的偏見。源於對傳統觀念的批判與補充，現代史學強調結構、強調集體、強調大尺度時間，因而對個人的作為與成就抱持著高度懷疑的態度，有時會過度貶抑個人在歷史上的影響。

有很長一段時間，談蒙古史幾乎就等同於談成吉思汗。蒙古最偉大的英雄、甚至是唯一值得認識的英雄，就是成吉思汗；蒙古所有的豐功偉績與帝國成就，都可以溯源到成吉思汗。現代史學興起後，有一段時間徹底逆轉了這個態度，不接受、不相信成吉思汗那麼了不起，專注於考索其背後的長遠因素，先入為主要得到成吉思汗不過是比較突出的草原強權範例之一罷了。

仔細比對各種史料，盡可能客觀地看待，我們必須承認：成吉思汗的個人功績與成就，超過了現代史學所能解釋、所能貼切予以衡量的。將眼光放得更大，我們對於草原部落與文化了解得愈多，非但不會看到、找到許多和成吉思汗類似的模式例證，反而更覺得成吉思汗特別、近乎怪異，完全不是原本的草原結構與組織下的產物。

整理各方材料，我們可以歸納出中國以北的草原政權形成的領袖，大致有三種模式。第一種是繼承型的，從父親或叔伯或舅舅那裡繼承了權力，然後予以擴大，藉此提升為重要的領袖。也就是說，他的權力基礎主要還是來自親族的權力接替。

第二種通常發生在部落動盪時期，和附近其他部族、或是和農業民族發生重大衝突時，在軍事動員與衝突作戰的過程中，原有的部落統治被破壞了，無法從既定的繼承規則中產生領袖，那麼就會出現一種因應非常環境願意出面收拾殘破部落組織的人。

第三種是因應部落擴張，多個部落結成了聯盟，由聯盟選拔出的領袖，或由聯盟訂定規矩、輪替產生的領袖。獲得了壯大的聯盟實力，這樣的領袖必定握有更大的權力，也就比較有機會進一步鞏固並擴張自己的政治成就。

這三種模式，領袖都還是從部落組織中產生的，不管部落多原始或多殘破，部落組織是其基礎。而鐵木真，即後來的成吉思汗，他的崛起卻是靠著打破部落組織而升為領袖，這使得他如此非比尋常。他靠著建立一套新的制度取代部落組織，進而取得他的成功與勝利。

03 中介王朝破壞下，草原的失序與混亂

關於鐵木真的生平，還有很多細節無法確知，包括他出生在哪一年。比較清楚的是他正式成為蒙古共主，那是在西元一二〇六年。不過這一年成吉思汗到底幾歲，仍無法明確知道。成吉思汗應該是一一六二年左右出生的，他來自一個邊緣的部落，而且身處於一個極度混亂的時代。

前一講解釋了花剌子模、西夏和女真這三個「中介王朝」給草原部落帶來了極大的壓力。在草原上如果出現「中介王朝」感到威脅的勢力，他們會立即毫不留情地介入攻擊、打壓。他們所使用的手段有時是優勢的武力，更多時候是對各部落威脅利誘外加挑撥離間，製造出許多爭端衝突。「中介王朝」動武時會很殘酷也很徹底，直接摧毀牛羊牲口，將部落的人併吞進來。

在「中介王朝」上百年的破壞之下，到鐵木真出生時，草原陷入了失序與混亂。也就是連最基本、較穩定的聯盟組織都付之闕如。那不只是一個弱肉強食的世界，而且有著隨時變動的部落分合狀況。每一個部落都活在不安之中，弱一點的會被搶奪、被併吞，強一點的也沒有比較好，周圍其他部落會以你為共同敵人，形成暫時聯盟發動襲擊。如果你的部落更強大些，大到不怕其他部落聯合對付你，那麼很有可能在一旁虎視眈眈監看的「中介王朝」就要來收拾你了。

這是一個沒有基本規範、也就沒有基本信任的環境。在鐵木真成長的時期，草原上甚至都還沒有明確的蒙古部族。在這個區域中混居了不同的草原民族，很難弄清楚他們彼此的血緣關係，比較突出的毋寧是他們之間複雜又不間斷地互相攻伐的關係，誰搶了誰，誰又跟誰有仇。

一個名字可能指涉兩個不同部落，一個部落也可能擁有不只一個名字。稍微較明確的，只有「蒙古」是個很鬆散的稱號，包括了很多部族，如克烈部、乞顏部、乃蠻部等等。其次，蒙古的稱號主要用於對照「塔塔爾」，蒙古必然指不是「塔塔爾」、甚至和「塔塔爾」對立的部族。「塔塔爾」在聲音上接近「韃靼」，這時候和蒙古是對立的，但後來「韃靼」卻變成蒙古的別稱，以至於很難追究明白這兩個名詞之間的關係，更難弄清楚這兩個群體各自的組成和彼此間的關係。

只知道這個時候蒙古和「塔塔爾」是彼此對立、無法和平共處的兩群人。《蒙古祕史》中記載，鐵木真的父親也速該替鐵木真找了親家，去拜訪親家，卻在回程時不幸遇到了塔塔爾人。塔塔爾人認出他們是仇人，先不動聲色，然後在宴席上毒害了也速該。這一年鐵木真九歲。

也速該一死，他的親族（乞顏部孛兒只斤氏）很快就離散了，表示當時的部落組織極其鬆散。除了親族外，另有「安答」，勉強譯作結拜兄弟，不過實質上可能更接近結盟關係。此外就是一般的奴隸。

其中親族當然是最重要的。沒有了親族的協助和護持，鐵木真只有母親帶著他和弟妹們流離度日。後來鐵木真被泰亦赤兀部俘虜，還在他身上套了大木枷，防止他逃走。幸而得到父親的舊部鎖兒罕失刺，以及他兩個兒子沈白、赤老溫（這兩人後來和鐵木真結為「安答」）的救助，得以離開被監禁奴隸的狀態。這時候鐵木真十四歲。

04 鐵木真與義父王汗、安答札木合的爭霸

重獲自由後，鐵木真開始在身邊連結一些「安答」，建立起初始的武力基礎。接著他選擇投靠克烈部的王汗脫斡鱗勒。「王汗」這個封號是後來從金朝那裡得來的，因為金朝要求克烈部協助出兵去打塔塔爾人。作為「中介王朝」，金朝察覺塔塔爾部的勢力成長得太快，就發動蒙古克烈部攻擊塔塔爾人，再將「王汗」尊稱賜給克烈部的領袖。

王汗和鐵木真的父親也速該有交情，曾經結為「安答」，所以接納了鐵木真。後來鐵木真營地被篾兒乞部偷襲，妻子孛兒帖被擄走。在王汗建議下，鐵木真求助於札只刺部的札木合，三方一起出兵擊敗了共同的敵人篾兒乞部。鐵木真和札木合兩人再次結為「安答」，[23]共同生活了一

年半，持續收集舊部。兩人在草原的實力逐漸壯大，最終分道揚鑣。

王汗、鐵木真、札木合各據部落，時而互相聯盟，時而彼此攻擊，再加上金朝及塔塔爾人的因素，更增忽敵忽友的變化。到了一一九九年，王汗和鐵木真決定共同征討乃蠻部。依照《蒙古祕史》記載，札木合曾偷偷建議王汗，乃蠻部如此強悍難打，與其和鐵木真一起進攻，不如先按兵不動，甚至撤退，保住實力，看看鐵木真如何打乃蠻部再做定奪。

然而一接戰，完全出乎王汗預料，當乃蠻部的斥候發現王汗的部隊正在撤退，他們根本沒有理會鐵木真，而是全軍追擊撤退的部隊。王汗的部隊被圍困住，連兒子桑昆的妻兒都被擄走，後來還是靠鐵木真之力才得以解圍。

下一場關鍵戰役則是札木合聯合十二個部落攻打鐵木真，結果札木合大敗。鐵木真念及兩人曾是「安答」的舊情，放走了札木合，札木合又去投奔依附王汗。接著在一二〇三年，王汗之子桑昆謊稱答應聯姻，佯邀鐵木真吃「許婚宴」，卻埋伏預謀暗殺鐵木真。鐵木真敗逃到班朱尼河邊（實際上是一片湖），身邊只剩十九人。鐵木真與這十九個誓死追隨者共飲混濁河水，就是著

23 鐵木真和札木合在少年時就結過安答，《新元史．札木合傳》云：「札木合幼與太祖親密，約為按答。太祖十一歲，於斡難河冰上為髀石之戲，札木合以狍子髀石贈太祖，太祖以灌銅髀石報之。」

名的「班朱尼河盟誓」。

後來鐵木真集結分散部眾兩千六百人，逮住機會，靠斥候冒死偵查，確定王汗的金帳正連夜狂歡，於是發動了奇襲攻擊，一舉打敗並且併吞了王汗的克烈部。軍力持續成長到一定程度，鐵木真再次挑戰乃蠻部，也取得了決定性的勝利。

因而有一二〇六年的草原「忽里勒台」。「忽里勒台」是部落領袖大會，其間鐵木真被推舉為大蒙古國共主，得到了「成吉思汗」的尊銜。關於「成吉思汗」的意思，《史集》裡的說法是蒙古語中對於堅強、堅韌意志的複數形容；另外在《蒙古源流》書中，則說是「忽里勒台」會議間所聽到的鳥叫聲，被視為特殊的吉祥徵兆。

成吉思汗崛起的過程中，最特別的現象就是他養成了愈來愈不信任親族的心態。他遭遇過三次嚴重危機，每一次都是應該最值得信任的人背叛、陷害了他。第一次是父親去世時，第二次是他不得不和「安答」札木合反目成仇時，第三次是他被義父王汗的聯姻藉口矇騙時。

三次負面經驗讓他留下深刻印象，所以他不信任親族，連帶地也不認為既有的部落組織是值得信任、值得依賴的。

05 怯薛軍：軍隊效忠的關鍵安排

到一二〇六年，成吉思汗控有的軍隊，大致就是所有的部落成年男性人口，大約有九萬五千人，分成九十五個千戶，由八十八個千戶長帶領。這裡凸顯的第一重歷史意義，是他採用了從匈奴一路傳留下來的十進位組織法，有十戶長、百戶長、千戶長，後來又增加萬戶長。

從蒙文資料中可以查到二十多位千戶長的資歷，其中和成吉思汗有親族關係的，所占比例不到三分之一。更明顯的是後來新設的萬戶長，也就是軍事指揮地位最高的人，他選擇的人沒有任何一個具備親族身分。[24]

他的弟弟們可以受封為王，但不會得到軍權。成吉思汗所建構的軍事組織是不分權的，整個軍隊只認一位真正的指揮官，就是成吉思汗自己。從性質上看，這支部隊不管在規模上如何擴

24　成吉思汗開國時的四個萬戶長，分別是左翼萬戶長木華黎、右翼萬戶長博爾朮、中軍萬戶長納牙阿，以及鎮守林中百姓的萬戶長豁兒赤。

充，一直都是私人部隊。

如何維持軍隊中人對他個人的效忠？其中關鍵安排是成吉思汗的親衛隊，稱為「怯薛軍」。親衛隊最早分為「日衛隊」和「夜衛隊」，前者七十人，後者八十人，兩班輪流。後來人數擴增到一萬人，包括一千名宿衛、一千名箭筒士和八千名散班，足足超過六十倍。

什麼樣的人可以加入親衛隊？要看出身背景。如果沒有對的出身，就要靠對的推薦。第一個來源是幹部——十戶長、百戶長、千戶長、萬戶長的兒子們。再來，一個千戶長如果要讓兒子加入，就要同時帶一個弟弟和十位可以信任的朋友。這十個朋友也等於是由他連帶保證的。百戶長是兒子帶一個弟弟和五位朋友，十戶長則是兒子帶一個弟弟和三位朋友。

如此一來，軍隊擴張下多增加了幹部，成吉思汗的親衛隊也就跟著依比例成長。更大的作用是每位幹部就都有兒子在成吉思汗身邊當人質，而且還不只一個兒子，是兩個，再加上和他或他兒子有關係的好幾個青年。親衛隊裡的人不只保障了幹部的忠誠，同時他們的利益與視野也不同了，和最高領袖更緊密地連結在一起，也擁有對部落、軍隊更強烈的整體認同。

可以想見，如果軍隊中的十戶長、百戶長、千戶長想要脫離成吉思汗，他們的親衛隊兒子們會是最反對的人。他們不只是人質，在成吉思汗身邊他們可以有所表現，取得權力與地位，並由他們牽制住部隊裡實質統兵的人。

因此軍隊愈來愈龐大，卻一直保留著成吉思汗個人領導的性質。這是過去草原上不曾出現的一種領袖形式——個人獨大，完全不分權。這和草原民族原本習慣的集體領導、部落結盟關係，形成了最強烈的對比。成吉思汗非但不依賴既有的組織，而且將之徹底破壞後從相反方向再造。

他所建立的是一支強大的軍隊，獨立於原來的部落組織之外。這支軍隊服膺他的個人意志，他不主動分享權力，更小心翼翼提防有人侵犯、分走了他的獨斷軍事權力。

06 成吉思汗創造的戰爭機器與威嚇力量

成吉思汗建立了一套近乎絕對中央集權的制度，這不是一套行政組織，而是很有效率的作戰機器。打仗帶來機會，帶來掠奪的豐富資源，也就帶來組織可以不斷擴張的動能。這個機制處理的大部分都是臨時、突發的狀況，不像行政組織要安排每天重複的日常運作，也就必然牽涉複雜的人際權力安排。相對地，作戰機器中每個人的遭遇隨時可能變化，就不可能也不需要建立固定的人事位子與固定的升遷途徑。機制運作有效與否，更加依賴、取決於最高的單一領導人。

能夠建立並運作這套系統，當然牽涉到成吉思汗特有的性格與能力。他對於什麼時候動用武力、如何動用，有著清楚的原則與程序。龐大部隊中，上上下下都明白有兩種狀況必須出兵。第一種是依循自然的原則，偌大的部族必須存活，而劫掠是補充生產資源的合理、甚至必然手段。因此，如果這支蒙古大軍面臨吃不飽的情況，他們就要出動了。

這種情況下出動，行動方向通常看季節，如果是秋天農業收成的時候，理所當然會往南搶奪農業聚落。但如果是其他季節，農業聚落不見得有足夠的存糧，那他們也會將大軍朝向其他草原民族或進犯「中介王朝」。

這個原則建立起來、尤其固定下來之後，不只成吉思汗自己的部隊明瞭，周遭和這支新興蒙古勢力打過交道的人很快就都被迫明瞭了。蒙古人的戰鬥愈有效率，就愈容易形成循環，變得愈成功。那麼強大有效的武力，讓周遭的人隨時擔驚受怕地提防著，而既然他們都知道蒙古人在什麼狀況下會出動，出動了會帶來多麼恐怖的災難，他們當然會提前設法，使得蒙古人必須出動的條件消失。

成吉思汗創造了一股強大的威嚇力量，到後來甚至不需要真的出動去劫掠，可能成為他軍隊劫掠對象的，就寧可交出部分生產所得以換取和平。得到這些主動送上門來、彷彿像保護費般的資源，成吉思汗就能用來培植更大規模的武力，同時也就有更多的部落願意遵循他的方式，加入進來成為他的組織的一部分。

成吉思汗必然出兵的第二項原則，是如果有人背叛他或失信於他時。原本答應他的卻沒有做到，而且是存在基本同意默契的、或保存在既有習俗中的，如果有人片面改變了，那麼成吉思汗就絕對不會吝惜動用武力，以表達他的不快與憤怒。

依照這兩個原則，在他一生中，持續不斷地帶領這個有效的戰爭機器南征北伐。每一次戰鬥，都由他自己直接參與，對著戰士發號施令，動態過程中也就不會有中間層級的其他單位分掉他的權力。幾十年中，這個戰爭機器愈來愈大，卻依然保持原始的草原個性，也就是一直在動、一直在變化，也就一直沒有固定下來成為官僚體系。

蒙古人來了、打了，然後就走。不定著，不占領土地，不像契丹或女真那樣轉型為「中介王朝」。他一生中發動過六次攻打西夏的軍事行動，一方面是因為蒙古的實力尚未足以壓倒性地擊敗西夏，另一方面正是因為蒙古大軍沒有要占領土地，得到了西夏求和所提供的物資，他們就願意退兵。

對成吉思汗來說，最難纏的對手還有金朝。女真人離開草原時間未久，依然保存了足夠對於草原機動戰鬥的認識，在快速漢化過程中固然削弱了原本的武力，卻同時得到農業資源的挹注。帶著這樣的條件，金朝得以和新興的蒙古勢力周旋，展開長時間的拉鋸，不過基本的趨勢畢竟是彼長我消，金朝不得不坐視周遭各部落的情況對自己已然愈來愈不利。

蒙古制伏了西夏，又制伏了契丹人建立的西遼，也收拾了西南方的游牧舊族高昌回鶻，這些地方陸續都成為蒙古的屬國。蒙古並沒有實質統治這些地方，只是這些地方每隔一段時間就必須對蒙古有所供奉，也不能拒絕蒙古有時提出的額外要求。如果不從，蒙古大軍就可能快速壓境。

依照此時蒙古的統治模式，他們所要求於金朝的，其實也就是這樣的關係。然而金人卻不願意讓自己落入這種關係中，而是費了很大力氣去加強北方防務。另外，更讓蒙古人困惑並難以處理的，是他們用上了從漢人那裡學來的對付危急情境的方法。

例如，金人會在危急情況下同意蒙古人退兵的條件，卻在蒙古人退走之後，趕緊加強防務，增加自己談判的籌碼。在蒙古人的認知中，金人答允讓蒙古退兵的應該是歲貢式的承諾，但金人在加強防務之後，就對往後的歲貢承諾不再認帳。於是蒙古人必須再度出動大軍、實際進攻，才能讓金人再度屈服，再度拿出換取和平的賠償奉獻。

金人和西夏都如此反反覆覆，是蒙古的最大困擾，同時也製造了北方的巨大災難。

07 打下中都，蒙古王朝真正的起點

蒙古的戰爭機器之所以如此有效，是因為一發動起來就會製造出驚人的破壞力。草原民族不

依賴、也不珍惜任何固定的事物，毀壞任何固定的東西他們不會手軟。帶著巨大的破壞力，當然走到哪裡人家都害怕，願意付出較高的代價避免引來蒙古武力進犯，畢竟大家都看到了他們所經路徑上製造的殘破廢墟景況。

金人卻選擇和蒙古人拉鋸周旋，事實上蒙古人是被金人的這種態度一步一步牽引進中國北方，而且愈入愈深的。

西元一二一一年，蒙古軍隊第一次在進入農業地帶遂行劫掠之後，沒有立即退離，而是圍繞著金朝的中都附近，停留了很長一段時間，持續追擊金兵。兩年之後，蒙古軍隊再度南下，包圍了中都，卻因為缺乏攻城經驗與能力，沒能打下中都，便轉而向東肆虐山東，再回頭到河北、河南地區，最後才從山西北歸。

在這過程中，金朝的經濟、社會都蒙受極大的損失，不得不和蒙古人談和。蒙古人終於離開了，金朝就有了遷都之議。中都大興府的地理位置對他們來說太接近蒙古勢力圈，太危險了。不過要遷到哪裡才好呢？有一派是強硬派，主張應該遷回遼東，回到自己的起源地，從那裡重新培養武力以對付蒙古人，不再讓蒙古人如此予取予求。然而金朝朝廷的多數意見，卻傾向於往南遷，意在避開蒙古人，增加中間的緩衝距離。最好的選擇是遷到南京開封府，也就是原先北宋的都城汴京。

金朝大舉遷都，對成吉思汗來說意味著再度打破承諾，要逃避原先撤軍和談的條件。他無法忍受這樣的背信行為，於是在一二一四年，蒙古大軍再度南下，再度包圍了中都。從這年的秋天開始圍城到第二年的初夏，終於攻破了中都。

打下金朝的中都，是蒙古王朝真正的起點。在此之前，蒙古雖大，仍然是一個草原部落，靠著武力恐嚇、勒索周遭區域，得以建立並維持一個規模超過原本草原經濟所能支撐的龐大戰爭機器。但進入中都之後，成吉思汗做了一連串和過去不同的決定，在歷史上意義深遠。

首先，和過去不一樣的，蒙古軍隊沒有完全撤軍，而是命令木華黎帶領一部分蒙古部隊留在中都，也就是要在這裡建立起管理與統治的機制。木華黎帶領的軍隊只有大約一萬三千人，因此給予他的任務，還包括要去整合其他部族的軍隊，以便控制中國北方。

這是蒙古人從前沒有做過、現在卻不得不做的轉型。這可不是一件容易的事。草原生活裡沒有文官系統，沒有嚴格的上下層級，沒有固定的權力分配。再者，他們懷抱著對金人的仇視，為了懲罰金人出爾反爾而出兵，又經歷了他們所不擅長的漫長圍城才得以打下中都，這樣的背景使得他們沒有考慮要直接承襲、套用金朝的政府體制。

不像女真人打下遼朝之後，一併接收遼的王朝體制，沒有費心去創建自己的一套辦法；蒙古人打下中都，卻仍然維持著對金朝的強烈敵意，和汴京之間的戰鬥也還沒有結束。攻入中都是在一二一五年，然而蒙古人還需要更多的時間，才能學會如何從一股恐怖的戰鬥勢力變成一個征服王朝。這個轉型過程不是出於成吉思汗的主觀野心企圖，毋寧是在和女真人敵對的情況下，一步一步發展而來的。

如果沒有女真人占領中原，建立了「中介王朝」，蒙古人是不是還會繼續南下征服、占領整個中國？這是一個很有意思、也很值得思考的歷史議題，可以幫助我們更深入了解遼、金等「中介王朝」的性質與意義。

08 西域對中國不再能扮演「重要他者」

將木華黎留在中原之後，成吉思汗便離開了，一直到他去世，他沒有再進入中國。他真正的興趣仍然在馳騁草原的活動。他之所以能維持那麼大的權力，正因為他帶領的軍隊從來沒有停下來。他的權力不是在靜止的行政結構中行使的，而是始終保持著軍事戰鬥臨場指揮的性格。

他帶著軍隊往中亞發展，給中亞的諸部落、國家帶來巨大的災難。這時候的中亞，沒有任何一個政治體擁有足夠的資源和武裝可以抵擋成吉思汗。蒙古軍隊不是訓練出來打仗的，他們是直接在戰鬥中形成的，他們就生活在戰鬥中，戰鬥就是他們的生活。這支軍隊的運動力與破壞力，遠超過中亞地區這些社會所曾見識的。

蒙古人在中亞製造了更強大的破壞、更長遠的傷害。中國畢竟還有固定的社會架構，以發展超過千年的生產組織為其基礎，戰亂造成了表層的殘破廢墟，但底層的經濟與社會組織仍然保存著既有的模式習慣，和平休息個幾十年，總還是可以長養恢復。然而中亞的聚落條件薄弱得多，一個小型城市可能都要花三百年時間才逐漸成型，一旦被蒙古鐵蹄橫掃蹂躪，多半就徹底消失，再也無法復原了。

蒙古人興起後，中亞相對沒落了，幾百年都無法回復到原有的繁榮程度。中國歷史上前前後後多次和西域地區密切交流，西域這個鄰居在許多面向上是領先中國，可以輸入來影響中國、豐富中國社會與中國文化的。例如西域的音樂、西域的農業，更重要的，還有受到印度影響的西域在思想、信仰領域的長足發展。

然而自十三世紀之後，西域對中國的影響快速消退，相當程度上就是蒙古興起所帶來的一項後遺症。西域幾乎被蒙古人剷平了，遲遲無法恢復其文明。西域的沒落，連帶造成的情況是使得近世中國失去了一股重要的外來刺激。中國的「天朝中心」思想，從中古到近世，有著相當的轉變與擴大，就是這種情勢下的結果。

當唐太宗成為「天可汗」，自認長安是天下的中心時，他很明白中心之外環繞著許多其他國家。然而到了近世，「天朝中心」卻轉變為一種目中無人的自大，看不到別人，不承認別人的存在。是這樣轉變後的「天朝中心」態度，使得清朝在和西方勢力接觸時如此無法適應，帶來了許多失敗、痛苦與屈辱。

從那樣的「天朝中心」變成這樣的「天朝中心」，其中關鍵的歷史因素就在於西域的消失，至少西域對中國不再能扮演「重要他者」（significant others）的角色。唐朝時住在長安的人，一定知道龜茲、知道康居，知道這些外國人的來歷，還有他們所帶來的異質文化。但到了清朝，人們只知道「新疆」，也就是剛被中國打下來的新領土。

近世中國的封閉與自大，是建立在蒙古人大征伐、大破壞的歷史事件上的。西域幾百年來好不容易在相對貧弱的自然條件下培養起來的文明，那一個一個極其珍貴的綠洲聚落，一下子都被摧毀了，完全不可能復原了。這段時間裡，中國和西域之間的關係發生了重大的變化，這是過去經常被忽略的事實。

除了中亞之外，西亞也在蒙古帝國形成的過程中遭受到甚大的破壞。不過一來西亞的環境條件比較好，文明的發展又比中亞來得悠久，在兩河文明和波斯帝國的基礎上，擁有比較容易恢復的基礎。二來在中國人的傳統意識中，蔥嶺以西到印度的這塊空間，一直都有互動經驗，尤其在佛教傳入的過程中，因應取經的熱潮，其分量更形重要；然而再往西，就不在和中國人的溝通界線中。因而西亞的變化並未產生可見的影響，和中亞的情況很不一樣。

09 帝國統治是水平分配而非垂直臣屬

蒙古大軍往西走，建立起一個龐大的帝國，不過這是一個複雜多樣的帝國。歷史地圖上很容易畫出蒙古帝國的四大汗國範圍，卻無法顯示一項基本的事實：蒙古以有效的戰爭攻伐崛起，沒有那麼容易轉型為占領帝國，他們不可能以單純占領然後統治的方式涵蓋如此龐大的地域。這個帝國中只有一小部分是具體占領下來的，也就是原來的草原地帶，由蒙古軍隊有效控制著；而其他絕大部分的地區，主要是籠罩在兩支隨時待命的遠征軍威嚇之下，逼著當地的土著人民和原有的君王乖乖聽話。

蒙古軍隊的強大，戰爭進攻的有效與殘暴，使得它快速聲名遠播，讓這些地方的人們聞蒙古軍色變，進而被動或主動臣服，就劃歸入蒙古帝國的範圍之內。有些地方以進貢的方式臣屬於蒙古，有些地方則提供不同性質的服務。例如蒙古很早就成功征服的花剌子模，是作為主要商業通道併入蒙古帝國的。帝國所需要的物資，由花剌子模的商人負責提供，那是一種生產性、商業性的臣服模式；而花剌子模商人所到的地方，後來也就很快被納入蒙古帝國的範圍，有效地增加了帝國的地域面積。

還有其他民族提供農業或礦業生產，在蒙古軍事壓迫下進入帝國之中，讓蒙古人能在那麼短的時間內，開創出人類歷史上前所未見的龐大帝國。如此龐大的帝國很難有統一的行政體系，也不可能以嚴格上下隸屬的「科層組織」為原則來建構。帝國的政治形式不是垂直分布的臣屬關係，而是傾向於水平散落的分配模式。光是主要的中心就有四個，每個中心及其周圍的人民、部落、王國，皆因地制宜地建立起各種不同的關係。

帝國裡唯一的共同點，是面對蒙古武力攻擊時的無力與無奈，從而產生對蒙古軍隊的恐懼。但這樣的帝國，在不同區域有不同的狀況，而且隨著時間不斷在變動，很難有一個明確的描述。從歷史事實上看，絕非是一直維持著同樣疆域、有著固定政府與固定統治方式的政治體。

蒙古帝國不是中華帝國。和蒙古帝國相比，漢朝很穩定，唐朝很穩定，宋朝、明朝的帝國形態與帝國統治也很穩定。必須如此提醒，是因為從朝代史的角度將「宋元明清」放在一起，很容易產生兩項誤解。第一是忽略了元朝和宋朝、明朝其實很不一樣，那九十年間，中國地區是作為蒙古帝國的一部分而存在的。要談這段歷史，不能將中國獨立出來看，必須放回更廣大的蒙古帝國脈絡中來理解。第二是忽略了蒙古帝國的特殊性質，當作是和漢朝、唐朝同樣的中央集權帝國。

元朝和宋朝、明朝都不一樣，和更後來的清朝也不一樣。元朝不只是異族統治而已，而是中國被編納入一個鬆散的帝國中，不再是完整的政治體。這段時期中國歷史的變化，經常是在配合帝國運作中而產生的。

10 奇特的領袖魅力，英雄創造時代的例證

從結果上看，我們不得不承認鐵木真個人的作用及其重要性。即使是以草原的標準衡量，他都具備了高超的冒險精神與冒險能力。他的興起和成功絕大部分與部落傳統、既有因素無關，是他自己開創出來的。

他最突出的人格特質，應該是對於權力的高度敏感吧。他拒絕套用傳統方式取得權力和運用權力，在建構組織的過程中，始終強調個人效忠。這種個人效忠形式，在草原生活中是很少見的。比較常見、草原生活一般比較需要的，是對於組織的效忠，以便在相對較惡劣的生產條件下彼此合作。就算效忠於部落領袖，主要也是針對他所占據的地位和角色而來的。

成吉思汗顯然具備了超凡的領袖魅力（charisma）。神魅很難解釋，神魅更難控制。依靠神魅建立起來的組織，因而不可能固定為模式，也無法將這樣的權力複製到下任的領袖身上。

要衡量個人在歷史上的作用，其中一種方式便是看待他如何處理既有的傳統，是繼承抑或反叛？繼承傳統予以利用、轉化，相形之下，當然比反叛傳統卻能建立新的系統來得容易多了。因而依循前者途徑所創造的功業與成就，受環境影響的程度必然高於後者。後者的個人分量與地

位，也因而明顯地高於前者。

以此為準繩，我們必須給予成吉思汗在歷史上獨特的個人英雄地位。他是真正英雄創造時代，而非時代創造英雄的例證。

第十講

宋、元之際

01 蒙古文字的晚成，明編元史的草率

談蒙古或元朝的歷史，會遭遇史料記錄的困難問題。最麻煩的是蒙古文字很晚才形成。在成吉思汗崛起前，蒙古沒有統一的文字，是在征服乃蠻部之後，乃蠻部的俘虜中有通畏兀兒（蒙古人對回鶻的稱呼）文字的人，才借用畏兀兒文字來拼寫蒙古語。但畢竟兩種語言的發音有許多不同，蒙古語中的破唇音遠多過畏兀兒語的，遇到破唇音時，畏兀兒字母便無法區分出其中的多樣變化。所以到了忽必烈在位時，另外找了國師八思巴，依照蒙古語重新改造「蒙古新字」。

當時之所以稱為「蒙古新字」，是為了和原本使用的畏兀兒文字區別。八思巴重新創制了一套獨立的新字，有四十一個字母，在一二六九年奉忽必烈命令頒行。成吉思汗去世於一二二七年，換句話說，有正統蒙古字時，離成吉思汗去世已超過四十年，離一二三四年金朝滅亡也有三十多年，那麼離鐵木真在草原崛起的時間就更久遠了。

這段時間是蒙古歷史的關鍵期，成吉思汗經歷了許多重大戰役，到他去世後，也有接位和權力分配的種種紛爭。這些都發生在蒙古文字出現前，有些就算先用畏兀兒文記錄下來，也必須經過轉譯為蒙古文的手續。

畏兀兒文字無法提供記錄蒙古語時所需的辨別，加上才剛採用不久，很多用法沒有固定下來，於是造成了名稱與字義上的混淆。例如一個人的名字可能有兩種寫法，一個地方也可能有不同寫法，在傳鈔、翻譯為蒙古文時，往往已經弄不清楚到底是一個人還是兩個人，是一個地方還是兩個、甚至更多個地方。

更麻煩的是關於蒙古的漢文史料，大部分是在明代整理的。傳統史學中早有共識，所有「正史」中編得最糟、品質最差的就是《元史》。明代編寫《元史》時，已經不具備充分的條件。蒙古人在中國始終保留著自己的文字，但又不太要求朝廷裡的漢人必須學習蒙文。他們對於自己的文字、文化有著一定的保護顧慮，更不會積極地鼓勵漢人精通蒙文、了解蒙古歷史。等到蒙古人離開中原、回到大漠，漢人中沒有多少有本事、有資格可以整理蒙古資料的人。

明朝以驅逐蒙古人作為朱家當皇帝、進行統治的合法性基礎，在對待前朝的態度上，也就更加粗暴、草率。

02 強烈的草原性格，不輕易撤退

於是到民國時期，柯劭忞重新編寫《新元史》，做了一些很簡單、很基本，卻又很辛苦的工作。例如將《元史》中出現過的所有名字做一番嚴格的考據整理，去除掉同一個人卻分成兩篇傳的，去除掉這個人的故事被嫁接到另一個人的傳裡的。光是弄清楚每個名字、每個人物，將名字和人物確實對應上，就已經是十分費力的大工程！

柯劭忞的《新元史》另有一項重大貢獻，就是對西北的地理進行了仔細考究，這部分既是建立在現代地理學發展的基礎上，同時也打開了西北地理學的新領域，創造出許多讓後人可以接續研究的新課題。

然而《新元史》仍然無法擺脫原本《元史》中由明朝漢人基於種族立場，對蒙古人的心態與事蹟進行的篡亂編造。例如《元史》裡記錄了「長春道人」丘處機千里跋涉、遠赴大漠去見成吉思汗的故事，依照這段記錄，丘處機建議成吉思汗要愛護人民、不要嗜殺濫殺，變成了蒙古政權形成的關鍵。[25] 這項符合漢人要漢化成吉思汗個性與事蹟的價值傾向，卻很難在歷史上找到充分的佐證，也和當時蒙古部族的狀況有很大的出入。

另外更嚴重的是，《元史》中記載成吉思汗臨終時，交代要聯合宋人來進攻金朝。這樣的策略表面上看有其合理性，但如果將之視為史實，那就意味著成吉思汗生前最後幾年，已經決定要占領農業地帶。參酌並對照其他史料，這樣的結論卻令人不安。關於成吉思汗及其相關事蹟的蒙文史料，都指向他一生最特殊之處，就在於保持了強烈的草原性格與草原本位立場。成吉思汗能從比較邊緣的身分崛起，正因為他缺乏既有的部落基礎，後來更索性主觀地拋棄了部落基礎。

在戰爭中，成吉思汗極為突出的做法就是不輕易撤退。平常游牧民族控有高度運動能力，在作戰策略上，當然和拖著兩條腿，要背扛武器，還要安排複雜後勤配備的農業民族不一樣。游牧民族有著可以打也可以不打的優勢，可以自主選擇何時進攻、何時退卻的優勢。有機可乘他們就進攻，攻勢滯塞或受挫時他們就後退。

不只是對農業民族，在草原上對付其他游牧民族也是如此，能打就打，看情勢不適合打下去就機動地離開。然而在史料中，我們可以找到成吉思汗為了誘敵而假裝撤退的記錄，卻很少有他真正主動收兵退卻的記錄。

25 《元史・釋老傳》記錄：「太祖時方西征，日事攻戰，處機每言欲一天下者，必在乎不嗜殺人。及問為治之方，則對以敬天愛民為本。問長生久視之道，則告以清心寡欲為要。太祖深契其言，曰：『天錫仙翁，以寤朕志。』命左右書之，且以訓諸子焉。」

如何解釋這個奇特的現象?第一,當然和他的個性有關,他是高度進取且衝動願意冒險的。第二,則是和他沒有部落組織為後盾有關。如果有部落基礎,可以退回去,整頓後再來。但成吉思汗一生都活在持續的焦慮中,戰鬥倘若失敗了,很可能在身邊的這些人、這些群體就會星散,轉而去投靠別人。他不肯退,也不能退,從而建立起一支前所未見、聞所未聞的不撤退軍隊,一個最有效的戰爭機器。

草原上本來有一種行動法則,能夠建立較大聯盟的一方,確定比對手大得多,將自己的聯盟勢力擺開來,對手就自動撤退,省下了現實的戰鬥。然而當對手是成吉思汗時,這條法則就失效了,他所帶領的軍隊逐漸成為草原上最恐怖的力量,一旦遇上了,就必然有一番激烈血戰。不管你連結創造了多大的勢力,成吉思汗還是不撤退,還是要在戰場上挑戰你。

03 從攻城、屠城,到農業財富的認知

大約從一二一五年左右開始,成吉思汗必須認真處理對於農業民族戰爭中最棘手的課題——

圍城與攻城。農業民族向來看重防禦，尤其以築城的方式來對付游牧民族，中國歷代就曾不斷地修築長城。不過跨越長城的難度，還遠遠趕不上面對有人居住的城牆。

游牧民族將農業地區視為劫掠的目標，選擇秋收季節憑藉優勢運動力南下，此時農業民族的基本做法就是逃入城內、放棄城外，而游牧民族相應的做法也是橫掃城外之後離去。游牧民族不會輕易試圖進城，農業民族也不會輕易試圖出戰。

在成吉思汗之前，很少有還在游牧階段的部族會進行圍城、攻城。遼和金都是已經轉型為中介形式的軍事政權，又有漢人的協助和建議，才發動占領並征服。成吉思汗開始帶領蒙古軍隊攻城，主要還是來自他的焦慮感，留著完整的城沒有攻打下來，會讓他覺得芒刺在背。

開始攻城，同時意味著擄走漢人，讓漢人加入這個愈來愈龐大的新興集團中。這時候蒙古人對於要擄走什麼樣的漢人，顯然是有選擇的。首先，他們不要讀書人，這時他們還不懂得讀書人有什麼用。其次，他們也不要農夫。對他們來說有價值的人，一種是工匠，另一種是商人。貿易本來就是草原民族生活中的一部分，他們不會歧視商人，而更重要的是工匠。

蒙古人之所以在短時間內快速增長了圍城、攻城的能力，主要就是得力於這些漢人工匠的協助。他們來到蒙古部落，一改原先在漢人社會中的低下地位而倍受禮遇，其技能受到高度尊重，他們當然有理由積極地提供服務。

一來抱持著不撤退的態度，二來學會了如何圍城、攻城，使得成吉思汗得以在草原上縱橫往來。當他需要補給時，很容易便可南下到農業區域中，進行更有效、收穫更大的攻擊劫掠。他們圍城、攻城，然後在城破之後，就進入屠城。會有丘處機勸說成吉思汗「止殺」的故事，應該就是針對這時期的殘暴屠城而來的。只是我們不能輕信，真的是長春道人去到那麼遠的西域雪山提供了這樣的建議。

成吉思汗在世時一直不曾領會：被他在屠城中大量殺戮消亡的人，正是農業民族真正的財富來源。看起來他從來沒有理解農業是怎麼回事，仍停留在進入農業區域搶奪資源的簡單動機，不曾認真思考這些被搶奪的資源是如何生產出來的。對他來說，除了商人、工匠之外，其他人是無用的、沒有價值的，土地也是除了作為放牧牲口之外，沒有什麼用處。

草原民族根深柢固的這些觀念，至少到成吉思汗去世時，並沒有明顯的改變。一直要到耶律楚材輔政時，才終於找到方法向窩闊台解釋農業的道理，說服窩闊台改採不同的策略——讓這些人活著種田，讓土地維持農業生產，可以更有用，可以換來更大的利益。

04 人口銳減背後的統治心態和繼承制

在金朝歷史上可以看到人口的統計數字。這些數字不是今天的人口普查，而是透過稅賦資料而來的，顯現的不是確切有多少人口，而是朝廷可以有效掌握多少納稅的人口。據《金史・食貨志一》，一一九五年（金章宗明昌六年）金朝控制下的人口是五千萬人左右；而四十年後，蒙古政權第一次進行這個區域的人口調查，得到的數字銳減為大約兩百萬戶，估計一千萬人左右。

兩個數字間的巨大差距，說明了原先金朝在統治上建立戶籍、進行徵稅的這套制度，到了一二三五年基本上瓦解消失了。其中一部分原因是這個政府缺乏有效進行統計的能力，這並不令人意外，蒙古人的部落習慣，從來就不是中央集權式的。從成吉思汗崛起一直貫穿到元朝滅亡，蒙古人在中國的統治形態，從來都沒有達到過去傳統王朝的程度，甚至也遠遠比不上遼朝。

傳統的中央統治依賴官僚體系，依賴層級組織和文書記錄，包括由戶口資料所支撐的稅賦制度，這些在元朝都退化、不發達了。但這不表示就沒有統治、就無法統治，而是換成一種帶有草原風格，而且建立在不斷擴張的帝國動態上的不同統治形態。

遼和金的部落傳統中，所有的男子長大了之後，應該要靠自己的力量去尋找、開創自己的地盤。在中國及東亞，最常見的繼承制度是長子繼承制。長子繼承制最大的好處，是父親這一代所積累的不會分散，集中交給長子一人。另外一種常見的繼承制度是諸子平分制，好處是每個兒子都能得到一定的保障。

蒙古人的制度卻是幼子繼承制，父親的財富與權力全部交給最小的兒子。乍看之下很稀奇，不過在草原環境中，這種制度自有其合理之處，也很可能是在現實情況下自然形成的。

部落裡的男子成年之後，不會一直留在家中，會帶著部分的牲口出去尋找新的放牧之地，建立自己的地盤。先長大的就先離家，所以到父親年老時，留在身邊的就只剩下最小的兒子。長子十五歲時，父親可能三十歲，如果有需要，還有十多年時間可以協助、庇蔭他；可是到了幼子成年時，父親或許已經四十五歲了，沒剩幾年可以幫忙幼子順利自立。因而將財產留給幼子，有著彌補的作用，仍然有助於在諸子間平衡照顧。

草原環境中，外面的空間和土地，比父親能給予、能提供繼承的通常要來得大。沒有必要一定得繼承父業，在親族間看來，繼承父業也就不是什麼光榮、值得羨慕的事，當然也就不太會引發嫉妒和搶奪。然而這種情況在成吉思汗身上改變了，既有的習慣受到嚴格挑戰。

以前的蒙古人不注重財產，也沒有累積什麼很了不起、會讓人眼紅的財產，部落中的分配相對平均。可是成吉思汗建構起如此龐大有效的戰爭機器，一開出去就能收進驚人的資源，有時候甚至不用真的發動，光是這機器的存在就能帶來豐富利益。

這時候該由誰來繼承，就變成了大問題。蒙古部落沒有固定的方式解決這問題，傳統的幼子繼承制只是一種方便、自然的習慣，缺乏足夠的約束力。於是很多時候，傳統被打破了，轉而以實力較量高下來爭奪繼承權。

05 在擴張事實上的地方分權概念

終蒙古人在中國建立統治的時代，草原部落的文化一直都發揮著影響。一個長遠的影響就在王位繼承上。從原本的「汗」（Khan）到後來模仿中國的皇帝名號，向來都沒有固定的繼承辦法，也就不斷引發爭執。成吉思汗建立了蒙古的強大戰爭機器，幾乎所向披靡，可以快速行動、快速征服，幾乎沒有什麼外在的抗力能夠減緩、更不用說阻擋他們的進襲。唯一最主要延遲蒙古擴張的因素，就是他們內部的王位繼承紛爭。

從一個角度看，蒙古遠征擴張的速度驚人，在人類歷史上只有亞歷山大大帝的軍隊堪可比擬。蒙古軍隊於一二三五年誓師，進行第二次西征（稱為「長子西征」），到一二四二年東返，七年間就覆蓋了龐大的欽察草原，還橫掃了東歐。不過換另一個角度，當我們看蒙古內部的政治安排時，卻會赫然發現，這還不是蒙古軍隊真正的全速，而是因為遇到窩闊台去世而來的繼承紛爭，才使得西征部隊停下了腳步。

進展如此快速，如同之前的亞歷山大大帝，必定在沿途以壓倒性的武力帶來巨大的破壞，形成文明的浩劫。例如伊利汗國的成立是建立在原先波斯帝國的基礎上，有著悠久歷史的區域被強行輾壓過去，破壞來得愈快，所需的復原、復興時間也就愈長。

草原部落遺留的影響，另外使得過去王朝必然具備的中央統治形態與能力，不能套用到蒙古人的政治作為上。

今天中國的行政制度中很重要的一環是「省」——廣東省、湖南省、江蘇省等等。「省」是「行省」的簡稱，而「行省」又是「行中書省」的簡稱。「行中書省」這個制度是在元朝建立起來的，就是一個設在地方的中書省。

中國過去的王朝是一層一層嚴密控制，集中在中央朝廷；而朝廷的最核心，是中書省和樞密院。這兩個單位直屬於皇帝，所以是權力中樞。然而這套統治邏輯在元朝被改變了。元朝除了近畿地區之外，將其他部分的領土都分隔開來，每一個單位都設立一個中書省，也就是地方自己有權力中樞，不再都由中央發動。

「行中書省」的地位與權力高於過去的「州」。和「行中書省」配套的還有「行樞密院」，也就是不只文官體系由地方自行管控，就連軍事方面，地方也有自己的指揮中心。「行中書省」加「行樞密院」就是一個具體而微的中央朝廷，有能夠自行動員、運用軍隊的權力。

在統治上，蒙古人和漢人的概念很不一樣。他們不重視中央的有效統治，而將朝廷視為地方文武系統的連結。這樣的概念下，他們不太可能會有良好的戶政制度，甚至也很難會有高效率、可信賴的稅收體系。

回頭看看前面提到的數字：人口從五千萬降到只剩一千萬，這就必然牽涉到中央統治的瓦解。中央統治瓦解了，那怎麼還能統治呢？靠的就是一套中國歷史上沒有見過的地方分權與連結的做法。

元朝存在的大部分時間，蒙古帝國都在擴張中，統治的安排基本上是建立在擴張事實上的。因為一直在擴張，領土不斷增加，在如此固定的預期下，加上草原部落尋找、開拓領土的習慣，蒙古人很自然傾向於往外奪取新的資源與權力，而不是回頭管理既有的、原有的資源與權力。

中國有過地方分權的政府，例如中唐以降藩鎮割據的局面就是。然而那都是來自中央收拾不了、控制不住地方，因而不得不接受、承認地方的半自主權力狀態。元朝的情況卻大不相同，是根本沒有中央集權的觀念與規範，朝廷主動將權力下放到地方去。

06 窩闊台時期的長子西征與滅金戰爭

一二二七年成吉思汗去世，應該是在實力原則主導下，由第三個兒子窩闊台繼承。而窩闊台如何保有他的地位與權力？靠的是繼續積極擴張。

到了一二三五年，有了史稱「長子西征」的重大事件。那是由成吉思汗的孫子拔都（朮赤次子）擔任統帥，參與將領包括貴由（窩闊台長子）、蒙哥（托雷長子）、不里（察合台長孫）等宗王長子一起西征，各級那顏也派長子從征。這項行動完全符合原本的草原習慣，這些排行在前、較早成年的人，應該要向外尋找自己的空間，將他們留在原來的部落裡，反而是約束、限制。所以窩闊台鼓勵大家往外走，去建立自己的地盤。

這場西征歷時長達七年，到一二四二年回師，期間蒙古軍隊一路橫掃，攻伐並占領了俄羅斯，打下基輔之後，再往西來到中國史書上所稱的「孛烈兒」與「馬札兒」，也就是今天的波蘭和匈牙利。七年西征的結果誕生了欽察汗國，或音譯為金帳汗國。

這個汗國實質上是壓在原有的俄羅斯封建王國之上的，藉由龐大武力的威嚇，強迫俄羅斯各公國扮演為蒙古人徵稅的角色。欽察汗國前後存在了兩百多年，比元朝還長了兩倍，是蒙古人建立的四大汗國中時間最久的一個。到後來，窩闊台汗國、察哈台汗國、伊利汗國都消失了，一度只剩欽察汗國還在。能維持那麼久，是因為蒙古人在那裡以武力接收了一套現成的政治體制，最主要是相對有效的徵稅系統。

欽察汗國最長壽的事實，從反面凸顯了蒙古人不善於統治，不管走到哪裡都無法自主設計、建構起有效的行政體制，必須接收、依賴這個地方原有的系統。因而其統治能否維持，蒙古人無法自主決定，很大一部分要看接收的當地系統的良莠程度。

發動「長子西征」之前，窩闊台也帶領他的勢力南下，攻伐華北地區。一二三一年，蒙古軍兵分三路，窩闊台自己率領中軍，從山西往河南，目標是鄭州。東邊由成吉思汗的幼弟鐵木哥斡赤斤領軍，襲擊山東。最特別也最重要的是西路，由成吉思汗的四子托雷領軍，路線是從寶雞、潼關沿著漢中平原南下。

這樣的布局依循的是草原戰法——打仗必定要有一支側翼部隊，繞到敵人沒有防備的方位突然出現。如果無法建立側翼攻擊，戰爭就很難打。托雷帶領的右翼軍，就是那支預備形成奇襲效果的側翼部隊。

托雷的部隊強行穿越山區，路途艱難，還是即時和窩闊台的軍隊在開封會合，進行圍城。第一次圍城雖然沒能將開封打下來，不過在世界史上，這場戰役具有特殊的地位，因為這場戰役是火藥向中國以外地區傳播的關鍵。

今天講到中國最驕傲的「四大發明」（造紙術、印刷術、火藥、指南針），一定要提到這場戰役。戰爭其實是發生在金人和蒙古人之間，並不是由漢人主導的，但戰役發生在傳統的中國土地上，當然一定有很多漢人工匠參與其中。

這是一場蒙古人和女真人之間的殊死戰鬥，是金朝的王朝保衛戰。在戰役中，金軍大規模動用了新發明的飛火槍，以及名氣更大的震天雷。[26] 震天雷就是改良自宋人發明的鐵火炮。金軍運用火藥，並且藉由火藥的威力挽救了金朝，讓蒙古人無功而返。

這時候的蒙古軍隊已經培養出極為熟練的圍城、攻城技術，如果不是戰鬥中突然出現他們沒有料想到的武器，產生了殺傷和震撼的強大效果，開封恐怕難逃城池陷落的浩劫。不過蒙古人雖然暫時退去，金朝畢竟無法長期苟延。

蒙古人一退，金哀宗就開始逃。他先逃到歸德，再到亳州，然後是蔡州。但顯然皇帝逃亡的速度趕不上蒙古軍隊的強大運動力。一二三四年，蒙古大軍包圍蔡州，這時金朝的防衛布署根本比不上在開封時，金哀宗急忙傳位給末帝的同時城破，金朝滅亡。

07 聯宋攻金後，蒙古對農業區態度的轉變

金哀宗逃到蔡州之後，曾以唇亡齒寒的道理希望說服南宋協助對抗蒙古。但早在攻打金朝過程中，蒙古人就曾經向宋朝借道，以便讓托雷的側翼部隊能夠快速前進（雖遭南宋拒絕卻強行通過），也一直爭取和南宋合作。

於是歷史事件出現了重演複製。當年女真人聯絡北宋一起攻打遼朝，結果女真人勢如破竹、連戰連勝，約好從南方進攻的宋朝軍隊卻被遼軍打得落花流水，以至於女真人確切看破了宋朝的軍事實力，在收拾遼朝之後沒多久，很自然就將軍事進攻的矛頭指向宋朝。

這次南宋也是選擇和蒙古人結盟，聯合攻打金朝，在蔡州之役中派了孟珙帶兵前往助陣。軍

26 《新元史．速不台傳》記錄了這場戰役經過：「三月，從太宗至汴。……驅降人負薪填塹，彀強弩百張，攻城四隅，仍編竹絡盛石投之，未幾稱石高與城等。守者亦仿製竹絡，盛所投之石還擊之，復以鐵罐盛火藥投於下，爆發，聲聞數十里，名曰震天雷，迸裂百步外。我軍冒牛皮至城下，穴隧道。城人縛震天雷於鐵絙，縋擊之。又製噴火筒箭，激射十八步。我軍惟畏此二器。攻十有六日，城不下，乃許金人和。」

事上也許沒有發揮太大的作用，不過畢竟提供了大量的後勤補給，蒙古人不能不認帳。依照原先的協議，金朝滅亡後，宋朝可以據有「河南之地」。

這項協議反證了前面提過的《元史》記載，即成吉思汗遺志要「聯宋攻金」的不合理。如果成吉思汗去世時，蒙古人已經放棄了草原本位，準備要南下滅亡金朝、占領華北，那麼這項協議就說不通了。攻滅了金朝之後，卻將「河南之地」都交給宋朝？那豈不明白表示蒙古人要退回草原去？

若要合理解釋這項協議，以及後續引發的爭執變化，我們只能假定，一直到驅兵南下攻打金朝時，窩闊台統治的蒙古勢力仍然籠罩在草原思維中。他們仇視金朝，主要是針對這個「中介王朝」長期給草原民族帶來的嚴重傷害，所以要覆滅金朝，卻沒有要繼承金朝的領土，沒有要接續金朝「中介王朝」的地位。

因而讓宋朝從南方協助攻金，然後將蒙古人不想占領的地區交給宋朝，是合理的安排。然而從協議成立到協議要實現的這段時間，蒙古人的態度與想法卻經歷了關鍵的重大變化。

促成變化的關鍵人物，應該就是耶律楚材。他是窩闊台身邊最重要的謀臣，一個投降的契丹人，而且來自遼朝王室，是耶律阿保機的後裔，不過已經高度漢化，身上沒有任何草原游牧文化的痕跡。

耶律楚材成功地讓窩闊台及其蒙古政權理解到農業的價值。攻滅金朝後，蒙古貴族的自然反應是向窩闊台要求分地，想要擴大自己的牧地。從擴大牧地的角度看，住在土地上的人就只會妨礙牛羊生養，是負面的麻煩因素，最好是通通趕走，不然就通通殺掉。

耶律楚材問窩闊台，拿一塊地去養牛、養羊，能增加多少財富？得到答案後，他就對窩闊台承諾，如果讓這些人活著，繼續從事他們的農業生活，保證一年內繳交出好幾倍的數字來。他所承諾的是不可思議的數字，震撼了窩闊台和其他蒙古貴族。他們不敢相信土地上能夠產生這種規模的財富，對照之下，用武力去搶來的竟如此稀少，規模小得可憐。

用這種方式，蒙古人終於明瞭了，開始改用生產勞動力的眼光來看待被他們征服的人。這是重要的集體啟示經驗，促成了在窩闊台時期，蒙古人對於農業、農業人口與農業生活的認知改變。於是也很快改變了窩闊台的態度：不只不應該帶領族人回到草原，反而要占領農業地區，甚至要經營農業地區。

08 驛站系統：讓帝國以更大的尺度運轉

在窩闊台的自我評價中，特別提到了四大功績。[27] 第一是他征伐、攻滅了敵對的諸國如金朝，這是他草原勇士身分的象徵。第二是建立了驛站系統。這的確是了不起的成就。

從窩闊台開始，蒙古帝國鼎盛時期的領土上分布了數不清的驛站（蒙古人稱為「站赤」），一直到今天，我們仍然無法重建、還原其複雜全貌。可以確定的是，這套系統無遠弗屆。在主要道路上，大約每隔三十到五十公里就有一處驛站。驛站中有專門養馬的人，還有隨時待命的專業騎士。在驛站之外，還有更密集的「急遞鋪」，供傳遞緊急消息之用。

遇有緊急事故，就從最近的驛站找騎士、騎著快馬出發。騎士使者身上除了攜帶緊急文書之外，還有聲音可以傳得很遠的鈴鐺。鈴鐺聲是警告路上其他人必須趕緊讓開，如果擋路發生了衝撞，那是可以判死刑的重罪。另外，鈴鐺聲音也是給下一處驛站的預報，兩三公里外就聽到快馬接近，可以進行接替的準備。前面這匹馬到達驛站，騎士使者就能立刻跳上驛站準備好的馬，不停歇地繼續趕路。若是騎士也需要休息，那就交接所攜帶的文書，讓這個驛站的騎士取而代之，迅速出發。用這種幾乎完全不停歇的方式，最快一天可以跑兩百公里。

窩闊台自豪於將「站赤」建設得愈來愈完善，有效發揮了將面積驚人的蒙古帝國牽繫在一起的作用。中國式的王朝高度依賴官僚體制，雖然從秦始皇開始，就有「馳道」一類的帝國交通網，不過在統治上的時間感，還是和蒙古人很不一樣。中國的統治有繁複的官僚結構，更有制式的公文流程，以及上下分權的決策模式，要能維繫中央統治，需要的是一層一層的命令與回報。官僚系統有明確的規定，告訴系統中的每一個人該從哪裡接收公文，再送到哪裡去。這樣的運作是急不來的。

蒙古帝國的統治，卻是以快速流動的訊息為基礎，並提供保障的。雖然地方分權，然而每個地方發生了什麼事，都會以最快的速度傳遞到中央，中央可以在事態發展擴大之前，就派出同樣具備快速運動力、可以快速打擊的部隊。有效的作戰機器快速反應、快速出發、快速到達，因而得以不需要依賴複雜的上下科層組織，不需要龐大而緩慢的官僚體系來進行統治。

驛站最大的作用是實質縮短了距離，允許帝國以更大的尺度運轉，確實是驚人的設計、規劃與執行成就。

27 《新元史．太宗本紀》云：「太宗寬平仁恕，有人君之量。常謂即位之後，有四功、四過：滅金，立站赤，設諸路探馬赤，無水處使百姓鑿井，朕之四功；飲酒，括叔父斡赤斤部女子，築圍牆妨兄弟之射獵，以私撼殺功臣朵豁勒，朕之四過也。」

和驛站相配合的，是軍隊的動員。從成吉思汗建軍以來，蒙古一直保有草原民族重要的十進位組織傳統。十戶、百戶、千戶到萬戶，十進位制有著基本的合理性，使得蒙古軍隊在動員上更迅速、更有效，可以不受地方的限制。

09 鎮戍制度：新的軍事占領型態

農業民族的兵制，一直難以建立起這樣的系統，運用這樣的效率。一般動員軍隊時要考慮的，是要派哪支軍隊；但蒙古人卻是考慮要派多少軍隊，而且很容易有數字管理的辦法。例如「長子西征」要帶多少軍隊？如果決定是全軍的五分之一，那很容易立即在組織上完成，看是要以千戶為單位，還是以百戶為單位，要他們派出百分之二十的兵員參與西征。同時因為是平均分配動員，一來可以讓兵與將分離，不會產生領兵的人實質控有軍隊的問題，二來也不會影響任何一個地方原有的防務，讓敵人有機可乘。

中國的王朝，從文官到軍事系統，一直無法建立起類似的數學模式系統。在和蒙古接觸、抗衡的過程中，對比蒙古十進位組織帶來的高度彈性，這項「數字上無法管理」的缺點格外明顯。

窩闊台自評的第三項重要功績，是在許多地方成功挖掘水井，增加了蒙古人放牧的土地，也增加了放牧的生產效率。這是從草原價值延續而來的看法，而這項成就也和他自評的第四項功績形成了對比。

第四項是「派駐鎮戍」，也就是改變過去蒙古的征服方式，讓軍隊去占領農業地區。用更明白的語言說，他的功勞在於不只滅亡了金朝，而且還占領了華北平原。

從中國傳統的歷史觀點看，窩闊台是元朝實質的創建者，在他擔任大汗期間滅亡了金朝，進入到中國的土地上，建立了新的王朝。但從窩闊台自身的觀念看，建立王朝這件事不重要，或者說不在他的自我認知中。他所意識、所自豪的，是新建了一套不一樣的軍事占領型態——「派駐鎮戍」就是原先草原民族軍事動員中沒有的一種新型態。

他自我肯定的，是強化了一套新的訊息傳遞系統——驛站，又創建了一套新的軍事組織辦法。要能「派駐鎮戍」，無法單靠原有的蒙古部落武力。於是在蒙古軍之下，新設立了「探馬赤軍」[28]、「漢軍」，後來滅宋之後又添加了「新附軍」。蒙古軍標榜純粹的蒙古血統，也有少數色目人，和「探馬赤軍」主要都是由騎兵組成。「漢軍」是由原先金朝地區的漢人，也有契丹

28 探馬赤軍指的是從各千戶、百戶和部落中抽選士兵組成的精銳部隊，戰爭時作為先鋒，戰事結束後便駐紮、鎮戍在被征服地區。

人、女真人組成的部隊。「漢軍」和「新附軍」則大部分是步兵。

窩闊台為蒙古創立了鎮戍制度，也就是將軍隊區分為兩種，一種是機動部隊，另一種是衛戍部隊，如此打破了原本只有機動部隊的草原慣例。

10 侵宋行動與蒙古汗位爭奪

一二三五年，前一年退回草原的蒙古軍隊再度南下，這次的目標卻是要將宋人從華北平原趕走，占領原本金朝的領土。關於這項行動，耶律楚材提供了主要的想法，在南宋派兵占領開封、洛陽時，決定予以驅趕，讓蒙古人重新布局。

這波蒙古侵宋的行動，從一二三五年一直到一二七九年，中間經歷了窩闊台、蒙哥和忽必烈三位大汗在位時期。事實上也就是因為兩度遇到大汗去世，同樣又發生了王位繼承紛擾，才使得攻宋的進展中斷停滯。

這三、四十年間，蒙古人一方面不習慣在複雜地形作戰，一方面又要處理內部鬥爭，拖慢了進攻速度，然而南宋也並沒有什麼重要的政治和軍事作為。而在這段時間中，蒙古人愈來愈熟悉農業環境，也愈來愈明瞭農業與游牧的差異。於是等到大軍深入南宋疆域時，蒙古人已經轉化為一個了解農業價值、懂得尊重農業的民族，這點清楚反映在攻打南宋的方式上，和攻打金朝時大不相同。

窩闊台在一二四一年去世，之後乃馬真皇后稱制攝政，直到一二四六年才由長子貴由接任大汗位子。但兩年後，貴由就在西巡途中去世。未預期的快速繼承變化，使得蒙古大亂。朮赤次子拔都聯合了托雷長子蒙哥，將屬於察合台和窩闊台世系的勢力驅逐出去，然後由蒙哥於一二五一年接任大汗。

新任大汗必定要有擴張行動，於是先派四弟忽必烈帶兵征服大理，創造側翼勢力，包圍南宋。一二五八年，由蒙哥親自帶領軍隊，沿著經營已久的側翼路線進入益州。另外由忽必烈領軍在東邊進攻鄂州，兩支軍隊約好到南宋首都臨安會師。

然而在四川合州釣魚城的戰役中，蒙哥死於軍中，突然又沒有大汗了。蒙哥較小的弟弟阿里不哥立即在北方草原的汗庭和林（即哈剌和林）召開忽里勒台大會，要即位為大汗。拜完整驛站系統之賜，人在湖北境內的忽必烈得知訊息，匆忙和南宋派來的代表賈似道簽訂停戰和約，南宋承諾對蒙古稱臣，並致送歲貢。忽必烈同意退兵，他需要爭取時間率軍隊北上，到和林收拾阿里不哥的勢力。

又是一段奪權騷亂，忽必烈在一二六〇年成功奪得大汗之位，蒙古歷史隨之進入新的階段。忽必烈模仿中國體制，用《易經》中「大哉乾元」的典故，建立了元朝，同時建立了第一個年號「中統」。

此時距成吉思汗在草原崛起，已經過了將近六十年的時間。蒙古人花了比契丹人更久、當然也比女真人更久的時間，才建立了依照農業民族習慣而來的王朝名稱。

11 新興草原大故事中的一個角色

忽必烈是蒙古政權轉型的關鍵人物。除了依照漢人模式建立元朝外，也將政治中心先從和林遷到開平。開平在今天的內蒙古，比原先的和林更接近華北。再進一步將開平改名為「上都」，同時將真正的政治中心移離上都，搬到燕京（後稱「大都」），也就是今天的北京附近。嚴格來說，我們甚至不能說他「遷都」，因為在忽必烈之前，蒙古並沒有國都的觀念與建制。

忽必烈明確地將政治勢力一步步南遷，和周圍漢人的關係也愈來愈密切，也就對如何處理南宋有了愈來愈清楚的想法。然而在過程中，忽必烈所領導的蒙古還是沒能逃躲過草原民族漢化後必然要上演的戲碼——起源根據地出現了變亂。

在北方草原，成吉思汗的玄孫、窩闊台汗國君王海都，結合蒙古東境宗王乃顏的勢力，發動了多次對忽必烈的反抗。史料上記錄了海都四次挑戰忽必烈的統治地位，不過每次他一有行動，忽必烈就派遣軍隊出現。這正是建成驛站系統，配合軍事動員所能發揮的有效鎮壓作用。

這段時期的歷史，和南宋本身的發展關係不大。賈似道握有多大權力，他如何在朝廷翻雲覆雨，說老實話，對於未來所發生的事也沒有太大的實質影響。決定南宋最終在什麼時間、以什麼方式覆滅的，是蒙古人之間所發生的事。此時的南宋，在軍事力量上不可能抵擋蒙古，在戰略形勢上也失去了任何保障。

蒙古人已經進入益州，這時宋朝降將劉整向忽必烈建議，應該進攻襄樊，也就是隔漢水相望的襄陽和樊城雙子城。一二七三年，拒敵五年的襄樊失守，南宋也失去了最後的防守據點，後面雖有如文天祥等可歌可泣的忠臣故事，也無法延遲南宋滅亡的進程，更遑論阻止了。

歷史上不幸的事實是，南宋此時失去了自主性，淪為新興草原大故事中的一個角色。從成吉思汗建造戰爭機器，到窩闊台手中形成驛站系統，轉型出現鎮戍制度，蒙古人學會了如何調和軍事與農業生產。這整個過程中，南宋什麼也做不了，只能作壁上觀，戰慄地感受到可怕的悲劇一步步靠近。

即使講的是中國史，我們不得不誠實面對十三世紀出現的特殊局面，那就是必須將中國歸入到蒙古帝國崛起的過程中，成為其中的「分史」或「地方史」。過去匈奴在草原遷徙移動，基本上是為了尋找更好的生存空間，從一塊空間換到另一塊空間放牧。這樣的變化，和農業民族之間沒有太大的關係，各有各的歷史。蒙古卻不一樣，他們的移動是純粹軍事動員形式的，不只在很短時間內橫掃過廣大的地域，而且將所經過、所征服之處強迫聯繫起來。被編入這個帝國的人員與土地，無可避免地就被蒙古人及其帝國改變了。

十三世紀蒙古三次西征，在時代上又剛好遭逢到出於完全不同理由、從歐洲出發、針對伊斯蘭政權所發動的「十字軍東征」，彼此撞擊之後，開創了新的商業貿易路線與活動。不只元朝，還包括明朝，都包納在這個新興的歐亞貿易發展中，刺激、產生了前所未見的繁榮。這部分的中國歷史，也只有放在蒙古帝國的架構下，才能準確掌握。

國家圖書館出版品預行編目（CIP）資料

不一樣的中國史. 9：從黨爭到鐵騎，征服王朝的時代-宋、遼、金 / 楊照作. -- 初版. -- 臺北市：遠流, 2021.05
面； 公分.
ISBN 978-957-32-8983-8(平裝)

1.中國史

610 110001562

不一樣的中國史 ⑨
從黨爭到鐵騎，征服王朝的時代——宋、遼、金

作者 / 楊照

副總編輯 / 鄭祥琳
編輯協力 / 陳懿文
封面、內頁設計 / 謝佳穎
排版 / 連紫吟、曹任華
行銷企劃 / 舒意雯
出版一部總編輯暨總監 / 王明雪

發行人 / 王榮文
出版發行 / 遠流出版事業股份有限公司
地址 / 臺北市中山北路一段11號13樓
電話 / (02)2571-0297　傳真 / (02)2571-0197　郵撥 / 0189456-1
著作權顧問 / 蕭雄淋律師

2021年 5 月 1 日 初版一刷
2021年10月20日 初版二刷
定價 / 新臺幣380元 (缺頁或破損的書，請寄回更換)

ISBN 978-957-32-8983-8

遠流博識網
http://www.ylib.com
E-mail: ylib@ylib.com
遠流粉絲團 https://www.facebook.com/ylibfans